TEMPORADA
— DE —
SERVICIO

DEVOCIONALES DIARIOS Y ACTIVIDADES DE SERVICIO

Créditos

Agradecemos a los siguientes pastores
que colaboraron en este proyecto:

Ed Santana
Michaela Jeffery
Mike Pethel
Chuck Woods
Ralph Ringer
Bruce Trigg
Dr. Walter Castro
Rick Greeve

Este recurso está hecho para:

Iglesias, Grupos pequeños e Individuos

by

Departamento Ministerial y Pastores de la Unión del Sur

Twitter: www.twitter.com/leadSU

Facebook: https://www.facebook.com/leadSU

Blog- www.leadsu.org

Slide Share: www.slideshare.net/RogerHernandez6

Youtube channel:
www.youtube.com/user/pastorRogerHernandez

L.E.A.D.
Liderazgo. Evangelismo. A cuentas. Diversidad.

Gracias

a todas las iglesias, las personas, los grupos pequeños,
y organizaciones que trabajan sin descanso para
asegurar que las personas en sus comunidades
sientan las manos y los pies de Jesús.

Cómo usar este recurso

1. Propósito:
La idea plasmada en este recurso es motivar, educar y poner en cada miembro la oportunidad de responder al llamado de ser las manos y los pies de Jesús sirviendo a sus comunidades.

2. Lección Diaria:
Esta lección está diseñada en tres partes:
Salir preparado- Siempre comenzamos estudiando su Palabra. No se puede obviar. Léela cuantas veces sea necesario. Internalízala, cree y compártela.
Obedecer-Esta parte contiene principios que debemos aprender. Usualmente están relacionados con los versículos que leemos diariamente. Son cortos, prácticos y bíblicos.
Saber compartirlo-La última parte de esta lección es transforma lo que aprendemos en acción. Hemos sido educados en el nivel del conocimiento de la obediencia, pero si sólo leemos y no servimos este recurso tendría un uso solamente parcial. Cada día tendrás tres opciones de actividades de servicio para ese día. Puedes escoger uno o más de uno. También hay una lista adicional de 100 proyectos de servicio que puedes realizar individualmente o con el grupo pequeño. Lo encontrarás en el **APÉNDICE 1.**

3. Estudio en Grupos Pequeños
Este recurso incluye cinco lecciones para grupos pequeños, lo suficiente para una semana por cuarenta días. Estas lecciones pueden ser estudiadas en los hogares, en el trabajo, los sábados en la iglesia o donde quiera que Dios te guíe a llevarlo a cabo. Son simples, fáciles y muy prácticas.
Día de inicio. Se puede comenzar a usar este recurso en cualquier momento para comenzar, pero si los puedes comenzar un fin de semana, mejor. No obstante, cualquier día es bueno para comenzar.
La meta final de los 40 días. El próximo paso es completar el devocional de cuarenta días en su totalidad. Pero si pierdes un día, sigue entonces con el próximo. Es mejor completar un día que hacerlo de manera perfecta. Hay un gran día de servicio que está a mitad de los cuarenta días, por lo tanto es un día que se reserva para los grandes proyectos. Verifica las fechas con el liderazgo de la iglesia local.
Celebración en Servicio. Es el último paso al final de los cuarenta días. Ese sábado es ideal para invitar a los líderes cívicos locales para que conozcan los proyectos que la iglesia ha hecho en favor de la comunidad. ¡Es un día de gran emoción!

Recuerda, ¡hecho sobre perfecto!

Un mensaje especial a los líderes
Dr. Walter Castro

¿Por qué servimos?

Jesús dijo en **Mateo 20:26-28** "Pero entre ustedes será diferente. El que quiera ser líder entre ustedes deberá ser sirviente, y el que quiera ser el primero entre ustedes deberá convertirse en esclavo. Pues ni aun el Hijo del Hombre vino para que le sirvan, sino para servir a otros y para dar su vida en rescate por muchos."

El libro de **Lucas 22: 26** nos declara que "Pero entre ustedes será diferente. El más importante de ustedes deberá tomar el puesto más bajo, y el líder debe ser como un sirviente."

Estos dos versículos son el fundamento del liderazgo cristiano. Jesús expresó lo opuesto a lo que el mundo cree que es un líder. En el mundo, se construyen esquemas piramidales para alcanzar la cima. Pero Jesús afirmó que el que sirve es el verdadero líder. Servir es liderazgo. Entre más sirvas, más herramientas Dios te da para potenciar tu liderazgo al máximo.

El liderazgo no es una manera de lograr que las personas sirvan a tus intereses. El liderazgo es una manera de server a los intereses de los demás. Jesús dijo que si querías ser grande entonces debes aprender a server a los demás.

"El líder-servidor es primero que nada un servidor. Comienza con un sentimiento natural de que uno desea servir, servir primero que nada. Entonces la opción consciente lo lleva a aspirar a uno a ser quien lidere. Esa persona es dramáticamente diferente a la que pretende ser primero líder. Quizás esa persona desea alcanzar una posición inusual de poder o lo hace por adquirir bienes materiales... Entre el primero líder y el primero servidor son dos tipos extremos. Entre ellos existe una gran variedad de matices y mezclas que son parte de la infinita naturaleza humana."

La diferencia se manifiesta en aquella persona que vela por las necesidades y las prioridades más altas de la gente a la que sirve. La mayor prueba para administrar es hacer que aquellos que son servidos crezcan como personas. ¿Acaso mientras están siendo atendidos las personas servidas se vuelven más sanas, más sabias, más libres, más autónomas y se sienten más servidores? ¿Cuál es el efecto sobre los menos privilegiados de la sociedad? ¿Ellos se benefician o serán perjudicados?" (*El que sirve como líder*, ensayo publicado por Robert Greenleaf en 1970)

Gran cantidad de personas creen que los líderes deben ser carismáticos, deben tener un aire de comandar, que son visionarios y educados en las mejores escuelas. Eso no necesariamente tiene que ser de esa manera. He aquí cuatro razones por las cuales servimos:

1. **Estamos diseñados para servir. Efesios 2: 10** dice, "Pues somos la obra maestra de Dios. Él nos creó de nuevo en Cristo Jesús, a fin de que hagamos las cosas buenas que preparó para nosotros tiempo atrás." Antes de que nacieras, Jesús tenía un plan de servicio establecido para ti. Una de las razones por la cual la gente se siente miserable es porque

han perdido ese punto en sus vidas. Cuando yo sirvo a otros, mis necesidades son satisfechas y si doy mi vida al servicio de otros, encuentro mi propósito de vida. Tú has sido creado para servir.

2. **Servimos a Dios sirviendo a otros.** Colosenses 3: 23-24 dice, "Trabajen de buena gana en todo lo que hagan, como si fuera para el Señor y no para la gente. Recuerden que el Señor los recompensará con una herencia y que el Amo a quien sirven es Cristo" No importa lo que estés haciendo o para quién lo estés haciendo, tú lo haces para el Señor. En **Mateo 25: 40** Jesús dijo: "Y el Rey dirá: Les digo la verdad, cuando hicieron alguna de estas cosas al más insignificante de éstos, mis hermanos, ¡me lo hicieron a mí!".

3. **Es lo mejor que podemos hacer a nuestras vidas.** 1 Corintios 15: 58 dice, "Por lo tanto, mis amados hermanos, permanezcan fuertes y constantes. Trabajen siempre para el Señor con entusiasmo, porque ustedes saben que nada de lo que hacen para el Señor es inútil." Cuando voy a mi casa y juego con mis hijos, eso es más importante que preparar un sermón. Cuando saco la basura afuera es más significativo que hablarle al público porque ante los ojos de Dios eso es lo que cuenta.

4. **Servir nos recompense para la eternidad.** Juan 12: 26 dice, "Todo el que quiera ser mi discípulo debe seguirme, porque mis siervos tienen que estar donde yo estoy. El Padre honrará a todo el que me sirva." Y en **Mateo 25: 21** Jesús dijo: "El amo lo llenó de elogios. Bien hecho, mi buen siervo fiel. Has sido fiel en administrar esta pequeña cantidad, así que ahora te daré muchas más responsabilidades. ¡Ven a celebrar conmigo!". La vida es una prueba. Tú estás siendo probado y Dios está viendo qué clase de fe tú profesas. ¡Vale la pena el esfuerzo!

La palabra hebrea para el líder es "nagiyd". Es el retrato de una persona que bajo la autoridad sigue los deseos de ella. Dios quiere líderes que oigan la voz de Dios ejecuten fielmente lo que él ha ordenado. La palabra en griego relacionada al liderazgo es "diakonia" que significa literalmente servir en la mesa.

El liderazgo en servicio no es simplemente hacer algunas tareas, ni tampoco es una estrategia para satisfacer las necesidades de otros líderes. Los líderes-servidores invierten en ellos logrando que otros tengan el mismo deseo de servir a otros. Ellos harán tareas humildes aunque mantendrán la gran visión en mente. Todos los líderes que sirven, tienen a Dios como principal prioridad.

Al iniciar los *Cuarenta Días de Devoción y Servicio*, tengamos siempre en mente que somos líderes servidores.

CONTENTS

PARTE I

DEVOCIONALES Y ACTIVIDADES DE SERVICIO

DEVOCIONALES DIARIOS Y ACTIVIDADES DE SERVICIO

SALIR PREPARADO ◆❋◆

Isaías 61:1: "El Espíritu del Señor Soberano está sobre mí, porque el Señor me ha ungido para llevar buenas noticias a los pobres. Me ha enviado para consolar a los de corazón quebrantado y a proclamar que los cautivos serán liberados y que los prisioneros serán puestos en libertad."

OBEDECER ◆❋◆

Podemos aprender tres lecciones de este texto.

1. Cada uno de nosotros tenemos problemas que enfrentar. Drogas, alcohol, pornografía, chismes, mal humor constante, exceso de trabajo, sexo inapropiado, irritabilidad, materialismo y legalismo. No es simplemente una larga lista de cosas malas, pero si nos habla de la triste realidad que afronta el ser humano. Somos malos desde que nacemos y con el tiempo nos ponemos peores. El primer paso para sentirse libre es reconocer lo que nos aprisiona. Debemos orar y confesar nuestras debilidades delante del Señor. De la misma manera que has recibido la gracia de parte de Dios, ofrece esa gracia a aquellos que pasan por problemas que tienen que enfrentar. Recuerda que la gracia es un regalo que Dios te dio.

2. Todos podemos ser libres. Para cualquier pregunta, Dios tiene la respuesta. Para cualquier necesidad, Jesús tiene la solución. Sin importar las heridas, El Señor tiene la cura. La libertad no es para los privilegiados ni para unos pocos, sino para todos y especialmente para ti. ¿Puedes creerlo? Que la ayuda Divina no discrimina con nadie sin importar cuán profunda sea su adicción o su defecto. Todos podemos ser libres. TODOS.

3. La libertad es un proceso. La Biblia nos declara que toma un tiempo ser declarado libre (justificación) hasta el momento que comienzas a ver los resultados (santificación). Es como caminar en tierra firme después de haber estado en un bote. Por un momento sientes que estás todavía en el mar, pero en realidad ya estás en tierra. Es un sentimiento real, pero temporero. El hecho de que todavía sientas las cadenas de la opresión en tus tobillos no significa que las tienes. Ahora eres libre. Créelo. Esto te ayudará a ser paciente con los demás. No te compares con los demás ni los critiques porque sus pecados son diferentes a los nuestros. Estamos en un gran viaje y tenemos que animar a otros en su camino.

SABER COMPARTIRLO ◆❋◆

Probablemente conoces personas que batallan contra una adicción. Conéctate con ellos y diles que puedes hablar y orar con ellos. Mi oración de hoy: Por las personas que enfrentan adicciones.
1. Ora para que Dios rompa las cadenas de la adicción.
2. Ora por los afligidos porque creemos que pueden ser libres.
Puedo ser libre cuando...

_____

_____

SALIR PREPARADO ◈

Mateo 9: 1-3 "Jesús subió a una barca y regresó al otro lado del lago, a su propia ciudad. Unos hombres le llevaron a un paralítico en una camilla. Al ver la fe de ellos, Jesús le dijo al paralítico: ¡Ánimo, hijo mío! Tus pecados son perdonados. Entonces algunos de los maestros de la ley religiosa decían en su interior: «¡Es una blasfemia! ¿Acaso se cree que es Dios?»"

OBEDECER ◈

Jamil toma riesgos. Es un gimnasta experimentado. El cree que cuando hace las vueltas, los broncos y las piruetas no le dejarán caer su cabeza en el cemento. A esto se le llama riesgo. Esto es fe. En Mateo 9 vemos como algunas personas toman riesgos y fueron bendecidos por el Señor. Estos cuatro hombres hicieron un agujero en un techo en una casa que no era la de ellos. El resultado: *Sanidad.* Mateo tomó riesgos cuando dejó todo lo que tenía (literalmente) para seguir a Jesús. Resultado: *Crecimiento.* La mujer que sufría de un constante flujo de sangre tomó un riesgo al tocar el borde del manto de Jesús. Resultado: *Milagro.* Dos ciegos tomaron riesgos cuando gritaban a Jesús que viniera mientras los demás le decía que se callaran. Resultado: *La vista.* ¿Ven el patrón? ¿Qué podemos aprender de estas historias?

1. Ayudar a la gente es arriesgado. No quiero imaginar cómo se sentiría el dueño de la casa cuando vio ese gran agujero en el techo. Los cuatro amigos del paralítico entendieron que Dios no vino a preservar estructuras, sino a salvar personas. El asunto no es si es riesgoso, el asunto es si es un mandato bíblico que merece seguirse.

2. La crítica sigue al riesgo. No todo el mundo aprecia el ministerio de ayudar a otros. A veces los más cercanos a ti son los que te critican. Los fariseos no ayudaban a nadie, pero criticaban al que lo hacía. No seas disuadido por la crítica. Esa es la lija que Dios usa para suavizar su obra de arte.

3. Dios honra a los que toman riesgos. Esto es un hecho. La pregunta es: ¿Dios honrará los riesgos que tomas hoy?

Saber compartirlo.

Acciones para el día de hoy:

1. En vez de pensarlo, felicita en público a una persona que haya hecho algo loable. 2. Dale a un extraño un CD que contenga una canción alegre o una tarjeta con un mensaje de aliento. 3. Pregúntale a alguien: ¿Cómo estás? Y escúchalo detenidamente.

Mi oración para el día de hoy:

La única cosa que consistentemente nos lleva cerca de Dios es tomar riesgos porque vemos la milagrosa intervención de Dios. Toma un riesgo en el nombre del Señor y pídele lo siguiente: *Señor, ayúdame a tener valor y quitar todos mis miedos para servirte.*

Después de haber hablado del amor de Jesús con un desconocido...

(margen lateral) ❖ DEVOCIONALES DIARIOS Y ACTIVIDADES DE SERVICIO

SALIR PREPARADO ❖

Mateo 25:24, 25 "Por último se presentó el siervo que tenía una sola bolsa de plata y dijo: Amo, yo sabía que usted era un hombre severo, que cosecha lo que no sembró y recoge las cosechas que no cultivó. *Tenía miedo* de perder su dinero, así que lo escondí en la tierra. Mire, aquí está su dinero de vuelta".

OBEDECER ❖

¿Qué pensarías si supieras que fracasar no es posible? Te recomiendo que tomes tu tiempo para leer Mateo 25. Es un capítulo muy especial. Una de las historias es acerca de tres personas a las cuales se les dio dinero. Dos invirtieron el dinero y obtuvieron ganancias y el otro no obtuvo nada. Lo que dice es revelador: "Tenía miedo". El miedo lo paralizó. Y el miedo puede hacer lo mismo con nosotros. He aquí algunas lecciones que nos brinda ese pasaje:

1. La percepción que tenemos de Dios afecta nuestra tolerancia al riesgo. Si miramos a Dios como alguien disgustado, enfadado, que su juicio es en nuestra contra mientras no vemos la gracia que se refleja en su carácter, nuestro servicio hacia él va en picada. Esa realidad afecta directamente las personas que están a nuestro alrededor porque nuestros dones y talentos se hicieron para servir de bendición a otros, no para ser ocultados o escondidos.

2. Si Dios te ha dado un talento, entonces él espera ganancias de su inversión. En caso de que no lo notaras, los 5 o los 2 o el talento que te dio le pertenecen. ¿Cómo no vas a agradecerle el talento que él mismo te regaló sirviéndole a otros?

3. Dios nunca te ha llamado a ser alguien distinto a lo que tú eres. Si tú eres una persona de dos talentos, Dios no quiere que actúes como si fueras una de 5 o de 1. Él no quiere *que lo seamos todo* o que *lo hagamos todo*. Él quiere que *hagamos algo*. Servimos sin importar la cantidad de talentos que tengamos. No los escondas.

SABER COMPARTIRLO ❖

Hoy haremos lo siguiente:
1. Cuando salgas de un estacionamiento de la ciudad donde hayan parquímetros, echa más monedas para la siguiente persona que use el estacionamiento.
2. Deja algunas monedas en la máquina de vender agua o dulces.
3. Compra algunos alimentos para llevarlo al banco de comida más cercano.

Mi oración para el día de hoy:
Algo pasará hoy cuando pruebes tu fe. Ora de la siguiente manera:
Señor, ayúdame a estar listo para tratar de hace algo nuevo.

Hoy pude superar uno de mis mayores miedos. El miedo a...

_____

_____

SALIR PREPARADO ❖

Lucas 1: 7 "No tenían hijos porque Elizabeth no podía quedar embarazada y los dos eran ya muy ancianos."

OBEDECER ❖

Una de las satisfacciones más grandes que he obtenido como padres es ver a mis hijos jugando beisbol (Jonatán) y softball (Vanessa) organizado. Ambos tienen talento en el deporte pero a veces "se ponchan". Tres "strikes" significa que vas a la banca. Fallaste. ¡Eres out! En el texto de hoy es una parte de un gran milagro. Dios usa gente y situaciones que no son las ideales para alcanzar lo difícil y lo imposible. Elizabeth and Zacarías tuvieron tres strikes y también aprendieron tres lecciones:

1. Vejez (bueno, ustedes saben lo quiero decir...) Dios nos usa en cualquier momento de nuestras vidas.

2. Infertilidad (no poder concebir) Dios trabaja con nuestras imposibilidades.

3. Incredulidad (No creer que fuera posible) Dios usa gente que no tienen una fe perfecta.

Dios toma gente con infertilidad y nueve meses después los convierte en padres. Dios toma un tartamudo y lo convierte en líder de una nación. Dios toma una mujer "fácil" y la convierte en un ser humano lleno de virtudes. Seguramente lo va a hacer contigo. *No te quedarás afuera.* Recuerda este pasaje hermoso:

> *"Dios escoge a la gente tal y como son... Ellos no son escogidos porque son perfectos, pero no obstante, sus imperfecciones, a través del conocimiento y la práctica de la verdad, a través de la gracia de Cristo, ellos son transformados a su imagen"*
> **Deseado de todas las gentes**, *p. 294 (Original Inglés)*

SABER COMPARTIRLO ❖

Escoge una de las siguientes actividades:

1. Prepara una comida para una persona que no tenga hogar.
2. Sonríe a otros más de lo usual.
3. Llama a tu mama o a un miembro de tu familia y dile que lo amas.

Mi oración para el día de hoy:

Probablemente tienes deficiencias en un área de tu vida. Dios creo que me puedes usar a pesar de mi _____. Gracias por escogerme. Prometo servirte y servir a otros.

Cuando di una sonrisa a otra persona la reacción de ella fue...

_____

_____

DEVOCIONALES DIARIOS Y ACTIVIDADES DE SERVICIO

DEVOCIONALES DIARIOS Y ACTIVIDADES DE SERVICIO

SALIR PREPARADO ◈

Marcos 5:13 "Entonces Jesús les dio permiso. Los espíritus malignos salieron del hombre y entraron en los cerdos, y toda la manada de unos dos mil cerdos se lanzó al lago por el precipicio y se ahogó en el agua."

OBEDECER ◈

Podemos aprender tres lecciones del texto de hoy.
Esta historia siempre me fascina. Un muchacho que aterroriza a toda la comunidad. Iba a la tumba de la abuela, la saca y duerme en su tumba. Jesús no sólo sacó un demonio de ese muchacho, sino que sacó 2,000 demonios de él. Piénselo, 2,000 demonios. ¿Cómo se siente una persona cuando salen de él 2,000 demonios? Aquí hay unas lecciones que podemos aprender:

1. La gente vio al muchacho sano, pero le preocupaban más los cerdos que la situación personal del individuo. Ocurre exactamente lo mismo hoy. Usamos las personas y amamos las cosas. Nos preocupamos por lo que gente puede hacer por nosotros. Es preocuparse por los cerdos más que por la gente una y otra vez.

2. Cualquier persona puede ser restaurada. Este hombre tenía asuntos pendientes con su familia, finanzas, amigos, relaciones, salud y lo más importante tenía que restaurar su espiritualidad. No hay persona que esté tan lejos que Dios no pueda alcanzar. Yo tenía un amigo en la escuela superior que había perdido una oreja. Correa era su apellido. Sus compañeros se burlaban de él. Entonces lo invité a pasar un fin de semana en mi casa. Le hice el año. Con todas las cosas tontas que hice en la escuela, esta fue una acción buena que siempre recuerdo. Un acto de amor le hace el día a una persona.

3. Amemos a las personas, no a los cerdos. A veces usamos a las personas y amamos las cosas. Servir nos ayuda a entender que Jesús no viene por los bancos de la iglesia, las llaves de la cocina de la iglesia o el color de las paredes de la iglesia. La gente tiene más valor que esas cosas. Si vamos a decidir, decidimos por la gente.

SABER COMPARTIRLO ◈

1. Envía una nota de aliento a alguien que sea rechazado por los demás.
2. Compra o elabora una sábana para una persona sin techo.
3. Si estás en el "laundry" deja algunas monedas para la próxima persona en la lavadora o la secadora.

Mi oración de hoy:
Jesús, ayúdame a amar a las personas sobre las posesiones y ayúdame a demostrar mi interés por los demás cuando sirva a los demás hoy

Cuando me preocupo por las cosas y no por la gente pienso que...

_____

_____

SALIR PREPARADO ❖

"Existe la necesidad de acercarse a la gente a través del esfuerzo personal. Si se dieran menos sermones y se invirtiera más tiempo en el ministerio personal, se verían grandes resultados. Los pobres se verían *aliviados*, los enfermos serían *cuidados*, los que lloran serían *reconfortados*, los ignorantes serían *instruidos* y los que tienen falta de experiencia, *aconsejados*. Lloramos con los que lloran y nos regocijamos con el que se regocija. Acompañados del poder de la persuasión, el poder de la oración y el poder del amor de Dios, *esta obra no podría tener frutos*". **(Ministerio de curación p. 143-144 versión original en inglés)**

OBEDECER ❖

Esta cita se relaciona directamente el evangelismo con el servicio. Recordemos los siguientes principios:
1. Un estilo de vida de servicio es parte de la expectativa divina. Es importante entender que Dios no te va a preguntar si sabes todas las profecías, su pregunta será: ¿Qué hiciste por los que necesitaban ayuda? Mateo 25: 34-36
2. Un estilo de vida de servicio nos mueve de la zona de comodidad. Es más que superar una barrera, es llegar a aquellos que no desean oírnos. Eso incluye a los que no quieren ver, creer, hablar o actuar como nosotros. ¡Eso incluye nuestros enemigos! Mateo 5:46-48
3. Un estilo de vida de servicio rompe barreras. Se trata del amor que puede superar todo. Cuando expresamos amor tumbamos las barreras preconcebidas que se tienen acerca de la iglesia y de Dios. La mayoría de las personas piensan en la iglesia como en sitio para pedir y dar cosas. El servir destruye esa percepción errónea.

SABER COMPARTIRLO ❖

Recuerda hay 37 milagros de Jesús en el Nuevo Testamento. Sólo hay escrito un sermón de Jesús. (Mateo 5-7). ¿Recuerdan la cita inicial? "Si se dieran menos sermones y se invirtiera más tiempo en el ministerio personal, se verían grandes resultados." (Ministerio de Curación, p. 143 en el original en inglés.)

Mi oración del día de hoy:
"Señor ayúdame a predicar más con mis acciones que con mis palabras."

La gran barrera que rompí hoy fue...

_____

_____

(margen izquierdo, vertical) **⬙ DEVOCIONALES DIARIOS Y ACTIVIDADES DE SERVICIO**

SALIR PREPARADO ⬙

Isaías 41:4 "¿Quién ha hecho obras tan poderosas, llamando a cada nueva generación desde el principio del tiempo? Soy yo, el SEÑOR, el Primero y el Último; únicamente yo lo soy."

OBEDECER ⬙

Estuve muy ocupado con artículo que estaba escribiendo. Las palabras fluían y los pensamientos llegaban. De momento, en ese cuando estaba inspirado, mi hijo se acercó y me preguntó si podíamos jugar basquetbol. ¡Interrupción! Muchos lo vemos como un suceso negativo que mueve nuestro calendario, pero esto no tiene por qué ser así. Existen tres principios donde podemos ver la interrupción como un aliado:

1. La interrupción puede ser vista por ti como algo molesto, pero en el calendario de Dios no.

Definimos las interrupciones como "Cortar la continuidad de algo en el lugar o en el tiempo." (Real Academia Española) Si miramos a Jesús como un ejemplo, vemos su reacción a las interrupciones. Jesús bendijo niños y sano enfermos fuera de sus actividades normales, ambas después de ser interrumpido. Tal vez una interrupción puede ser el momento perfecto para un milagro de Dios.

2. Somete tu calendario a Dios lo que se considera un acto de sumisión a su voluntad.

Una vez alguien dijo que si querías ver la sonrisa de Dios deberías decirle cuáles son tus planes. Somete tu agenda a Dios. Tú no estás en el asiento del conductor, tú estás en el asiento del pasajero y Jesús conduce por el camino de tu vida. Siempre debes esperar una interrupción en tu vida.

3. En vez de pensar en que la interrupción te afecta, piensa como ésta puede ser una ayuda para los demás.

Dios nos llama a hacer una pausa por un momento y mirar la interrupción no como una roca en tu pie, sino como algo que te ayudará a prestar apoyo a otros que probablemente no tiene ni zapatos. No usamos a los demás para alcanzar nuestros sueños, ayudamos a otros a alcanzar sus más hermosos anhelos. Recuerda que *cuando nuestros planes fallan, los planes que Dios tiene para nosotros nos llevan a la victoria.* (Ayuda en la Vida Diaria, p 6)

SABER COMPARTIRLO ⬙

1. Llama a alguien con quien no has hablado durante mucho tiempo.
2. Dale a alguien una flor o mejor una docena. 3. Si estás utilizando un medio de transporte colectivo cede tu lugar a una persona.

Mi oración para el día de hoy:
Dios, dirige mi calendario durante el día de hoy. Toma mi agenda y ayúdame a cumplir tu agenda divina. Haz de las interrupciones mi aliado. ¡Amén!

Mi última interrupción se convirtió en una bendición cuando...

_____

_____

SALIR PREPARADO ◆

Marcos 10: 28-31 "Entonces Pedro comenzó a hablar.—Nosotros hemos dejado todo para seguirte —dijo. —Así es —respondió Jesús—, y les aseguro que todo el que haya dejado casa o hermanos o hermanas o madre o padre o hijos o bienes por mi causa y por la Buena Noticia recibirá ahora a cambio cien veces más el número de casas, hermanos, hermanas, madres, hijos y bienes, junto con persecución; y en el mundo que vendrá, esa persona tendrá la vida eterna. Pero muchos que ahora son los más importantes, en ese día serán los menos importantes, y aquellos que ahora parecen menos importantes, en ese día serán los más importantes."

OBEDECER ◆

Una de las preguntas que nos hacemos cuando seguimos a Cristo es, ¿realmente vale la pena? Cuando Cristo nos llama a servir a otros, esto dejar algunas cosas que amamos. Cristo le señaló a Pedro tres cosas que tenía que dejar para seguirlo:

1. Casa- La seguridad de saber dónde estarás viviendo.
2. Familia- La seguridad de estar cerca de aquellos que amas.
3. Propiedad- La seguridad financiera que viene con la propiedad.

Si estás dispuesto a dejar estas cosas, grandes bendiciones vendrán, pero ninguna como la vida eterna. Esa es la motivación real. Todas las demás caducan: propiedades, posesiones y otras cosas se consumirán por el fuego cuando Cristo venga. No obstante, la salvación nuestra y la de los demás es una prioridad. No servimos simplemente para suplir las necesidades de la gente; servimos porque queremos que la gente también se salve. Recuerda que:

"Nuestro Padre Celestial ha provisto miles de caminos para proveernos cosas que no conocemos. Aquellos que aceptan el principio de hacer el servicio de un Dios Supremo encontrarán las perplejidades desaparecer en el camino y encontrarán un camino accesible debajo de sus pies."
Ayuda en la vida diaria, p. 13 (versión original en inglés)

SABER COMPARTIRLO ◆

1. Hornea algunas cosas para obsequiárselas a los vecinos.
2. Abraza a los tuyos sin tener una razón particular.
3. Haz un desayuno para tu esposo o esposa.

MI oración para el día de hoy:
Señor, ayúdame a mirar los momentos inconvenientes en la vida y a reconocer las consecuencias de servirte y servir a los demás. ¡Amén!

Después de haber hecho la actividad en servicio pienso que:

_____

DEVOCIONALES DIARIOS Y ACTIVIDADES DE SERVICIO

SALIR PREPARADO ◆

Marcos 11:25 "Cuando estén orando, primero perdonen a todo aquel contra quien guarden rencor, para que su Padre que está en el cielo también les perdone a ustedes sus pecados. "

OBEDECER ◆

Lo recuerdo muy bien. Oí a alguien hablar mal de mi padre. Yo estaba en la escuela superior y estuvo molesto todo el día. No lo pude sacar de mi cabeza y esto es lo que hice: después que se terminaron las clases, a la salida le di una bofetada a ese compañero. Eso fue muy torpe de mi parte. Hoy es uno de mis amigos en Facebook, me perdonó y cuando veo la decisión que tome me arrepiento. Él me perdonó de todo corazón. Jesús nos enseñó a server y eso incluye a la gente con la cual no nos pasamos juntos. ¿Por qué es importante perdonar y servir a aquellos que nos hieren? La verdad es esta: nosotros enviamos lo que reflejamos a los demás. Debemos cuidarnos de no perdonar en las siguientes áreas:

1. *Perdonamos y servimos aun cuando otros nos hieren intencional-mente.*
2. *Perdonamos y servimos aun cuando nos infligimos dolor.*
3. *Perdonamos y servimos aun cuando cualquier autoridad nos haga daño.*

El perdón no siempre significa restablecimiento de la relación, especialmente si hay daño físico o emocional. Es amarlos y ayudarlos independientemente del daño que nos hayan hecho. ¿A quién necesitas perdonar hoy? ¿A quién puedes pagar bien por mal en el día de hoy a través del servicio?

SABER COMPARTIRLO ◆

1. Practica la paciencia.
2. Evita los chismes. Habla bien de los demás.
3. Actúa como si el vaso estuviera medio lleno.

Mi oración para el día de hoy:
Dios, yo sé que perdonar no es fácil, pero es necesario. Ayúdame a servirle especialmente al que particularmente no tiene una buena relación de amistad conmigo. Amén.

Después de perdonar me siento...

_____

_____

SALIR PREPARADO ⇒

Mark 12:38 "Jesús también enseñó: ¡Cuídense de los maestros de la ley religiosa! Pues les gusta pavonearse en túnicas largas y sueltas y recibir saludos respetuosos cuando caminan por las plazas.   ¡Y cómo les encanta ocupar los asientos de honor en las sinagogas y sentarse a la mesa principal en los banquetes! Sin embargo, estafan descaradamente a las viudas para apoderarse de sus propiedades y luego pretenden ser piadosos haciendo largas oraciones en público. Por eso serán castigados con más severidad."

OBEDECER ⇒

En la Escritura es claro que Dios no tan solo cuida a aquellos que sirven, sino porque sirven. El espíritu de los fariseos era ayudar a otros con el fin de conseguir algo de los que ayudaban. Por lo menos hay tres problemas con los fariseos.

1. Les encantaba que la gente los reconociera.
En realidad lo único que podemos hacer cuando damos gloria o reconocimiento es señalar a Jesús. Los fariseos no perdían el tiempo en señalar lo que habían hecho. Cuando sirvas, no digas lo Bueno que eres, sino menciona en todo momento lo bueno que es Jesús.

2. Se preocupaban por las cosas más pequeñas.
El texto nos muestra que los fariseos se preocupaban más por la opinión de la gente que por ayudar al que estaba en necesidad. ¿Esa es la realidad de tu vida? ¿De tu congregación? ¿De tu familia? ¿Te preocupas más por la gente que está lejos de Dios que por un grupo de amigos de la iglesia? El problema de las iglesias no es que seamos amistosos, es que somos amistosos con nosotros mismos. ¡Es hora de cambiar!

3. Su vida personal era un desastre.
Públicamente confrontaban; en privado estafaban. Todavía no es visto a un fariseo que lo que señale en público no lo viva en privado para manifestarlo en público después. Usualmente criticamos en público lo que hacemos en privado. La solución para este problema complejo es aceptar y extender la gracia en vez de la crítica. Especialmente con los que no lo merecen.

SABER COMPARTIRLO ⇒

1. Elogia a un extraño con sinceridad.
2. Has una tarea por otra persona.
3. Dale un regalo extraordinario a otra persona.

Mi oración del día de hoy:
Señor, ayúdame a preocuparme por lo verdaderamente importante: amarte a ti y a preocuparme por tus hijos ofreciéndoles ayuda. Ayúdame a dejarles el reconocimiento a otros.

Una persona que me gustaría reconoceré por su labor es:

_____

DEVOCIONALES DIARIOS Y ACTIVIDADES DE SERVICIO

SALIR PREPARADO ◆

Marcos 13:34 "La venida del Hijo del Hombre puede ilustrarse mediante la historia de un hombre que tenía que emprender un largo viaje. Cuando salió de casa, dio instrucciones a cada uno de sus esclavos sobre el trabajo que debían hacer y le dijo al portero que esperara su regreso."

OBEDECER ◆

¡Jesús regresa otra vez! Esa frase causa miedo a algunos, felicidad en otros y hay personas que bostezan. El texto de hoy nos anima a hacer tres cosas:

1. Mantente ocupado. Algunas personas se dedican a informar a otras sobre teorías conspiratorias. Cristo dice: *manténganse ocupados*. Tú trabajo no es saber qué es lo que va a pasar, sino entender lo que está pasando.
2. Mantente alerta. La venida de Jesús puede suceder en cualquier momento. Si notas el significado del texto, el asunto es que si llega la noche (tiempo para dormir) tienes que estar alerta y no relajado como usualmente uno está en ese momento. No te relajes. Mientras llega el momento ocúpate. Observa y ora.
3. Mantente a la expectativa. Puede suceder este año. Puede suceder en diez años. La expectativa mantiene viva nuestra esperanza y provee fuerza en medio de las luchas espirituales.

Mi padre viajó muchísimas veces. Cuando regresaba a mi hogar en Cayey, Puerto Rico, recuerdo que me trajo un reloj. Vino en una caja pequeña y estaba muy agradecido y feliz de haber recibido el regalo. Sólo pienso en el día cuando mi Salvador regrese otra vez a esta tierra. No con una cajita pequeña, sino con el regalo de la salvación en sus manos.

SALIR A COMPARTIR ◆

Envía a un amigo una foto que recuerde los viejos tiempos.
Escoge a alguien en el libro de direcciones en la guía telefónica y envíale un regalo.
Envíale a un sobrino o a un familiar un regalo de manera anónima.

Mi oración del día de hoy:
Mi Dios, miro adelante y hacia arriba esperando tu regreso. No tengo miedo, ni tampoco bostezo, sino que tengo esperanza. Ayúdame a mantenerme ocupado en servir antes de que tú vengas. Amén.

Al enviar un regalo me sentí...

_____

_____

SALIR PREPARADO ❧

Marcos 14:64, 65 "Todos han oído la blasfemia que dijo. ¿Cuál es el veredicto? ¡Culpable! —gritaron todos—. ¡Merece morir!. Entonces algunos comenzaron a escupirle, y le vendaron los ojos y le daban puñetazos. ¡Profetízanos!, se burlaban. Y los guardias lo abofeteaban mientras se lo llevaban."

OBEDECER ❧

El Evangelio según Marcos es un retrato de lo que le pasó a Jesús en sus últimos días antes de r a la cruz. Habla del dolor y el sufrimiento que el Hijo de Dios tuvo que enfrentar. Es fácil leer y decir: "¿Cómo es posible que se permitiera semejante crueldad? ¿Por qué nadie impidió este asesinato?" Pero la verdad es que quién lo hizo fui yo. Quien lo escupió fui yo. Yo lo golpeé, puse los clavos, y lo maté. Esa es la verdad del evangelio. Jesús decidió morir por mis mentiras, mis malos deseos, mi orgullo y mi pecado. Tomó mi castigo y me dio su gloria. Y NO EXISTE MANERA DE PAGAR LO QUE EL HA HECHO POR MÍ. Por lo tanto, debe hacerme tres preguntas:

1. ¿Por qué lo hizo? Sólo una palabra: amor. Fue lo que impidió que él decidiera bajar de la cruz. ¿Puede ser que en medio de toda la educación teológica disponible, nuestro conocimiento religioso y nuestra comprensión de las profecías no entendemos el amor de Jesús al sacrificarse en nuestro lugar? Si no hubiera habido ese evento (la muerte de Jesús) nuestra vida no hubiera sido vida. Hubiera sido desgracia y desolación.

2. ¿Cómo lo hizo? No puedo creer cómo es posible ver el sacrificio que Jesús hizo y no poder sacrificarnos por otros. Tómate un tiempo diariamente para reflejarte en la cruz. Deja que la cruz sea tu motivación para servir. El murió por nosotros, por eso hasta cantamos y alabamos. Y es por eso que servimos.

3. ¿Cuándo lo haremos? Ahora que entendemos lo que es la salvación por la fe y solamente por la fe, podemos tomar acciones positivas en el servicio. Sería desastroso ser salvados por gracia y compartir con otros la salvación por obras. Actuemos por amor.

SALIR A COMPARTIR ❧

1. Toma un tiempo cuidando a los ancianos.
2. Comparte tu receta secreta con un amigo.
3. Escribe una carta demostrándole aprecio a alguna persona.

Mi oración para el día:
Señor de amor infinito, quiero darte gracias. No quiero pedir nada. Sólo darte gracias.

Después de contemplar el sacrificio de Jesús pienso que...

_____

_____

DEVOCIONALES DIARIOS Y ACTIVIDADES DE SERVICIO

SALIR PREPARADO ◇

Marcos 4:38 "Jesús estaba dormido en la parte posterior de la barca, con la cabeza recostada en una almohada. Los discípulos lo despertaron: ¡Maestro! ¿No te importa que nos ahoguemos?, gritaron."

OBEDECER ◇

Un tiempo atrás, una tormenta afecto todo el sur del país. Las tormentas de la vida vienen en todos los tamaños y formas:

Un diagnóstico de cáncer.
Un rompimiento familiar.
Un hábito que nos conduce a tomar malas decisiones con peores consecuencias.
Falta de _____.

Las tormentas hacen tres cosas en nuestras vidas:

1. Las tormentas revelan lo que pensamos acerca de Jesús. Los discípulos pensaban que Jesús no se preocupaba por ellos. A veces tomamos la misma actitud. Le echamos la culpa por lo que nos pasa y lo bueno lo atribuimos a la suerte.
2. Las tormentas revelan quien realmente tiene el control de nuestra vida. Definitivamente no somos nosotros, él es.
3. Las tormentas revelan el poder de Jesús. El calmó el mar. También puede calmar el tuyo.

Hay personas alrededor tuyo que están en medio de una tormenta. Personas que tienen mucho interés en lo espiritual son más abiertas cuando están pasando una crisis en sus vidas. Debemos aprender a acompañar estas personas a través de su dolor, servirles de apoyo.

SALIR A COMPARTIR ◇

1. Preséntate a alguien que veas a tu alrededor.
2. Envíale dinero a alguien de forma anónima.
3. Invita a alguien que se sienta solo a cenar en tu casa.

MI oración para el día de hoy
Ayúdame Padre a mirar con tus ojos a los que están pasando por tormentas para proveer apoyo, consuelo y consejo a través de tu Espíritu en trayendo la paz. Amén.

Al ver a otros pasando por una tormenta de vida, pienso que...

_____

_____

(texto vertical lateral derecho:) DEVOCIONALES DIARIOS Y ACTIVIDADES DE SERVICIO

SALIR PREPARADO ◈

Mateo 11: 16-19 "¿Con qué puedo comparar a esta generación? Se parece a los niños que juegan en la plaza. Se quejan ante sus amigos: Tocamos canciones de bodas, y no bailaron; entonces tocamos canciones fúnebres, y no se lamentaron. Pues Juan no dedicaba el tiempo a comer y beber, y ustedes dicen: Está poseído por un demonio. El Hijo del Hombre, por su parte, festeja y bebe, y ustedes dicen: ¡Es un glotón y un borracho y **es amigo de cobradores de impuestos y de otros pecadores**! Pero la sabiduría demuestra estar en lo cierto por medio de sus resultados."

OBEDECER ◈

Cuando le sirves a la gente seguramente serás criticado. De hecho, si eres intencional persistente en alcanzar los que Dios quiere alcanzar entonces sufrirás de "fuego amigo". Los fariseos criticaron a Jesús y lo encontraron culpable por "asociación ilícita". Pero como Andy Stanley comenta, "si Jesús hubiera tenido miedo a ser culpable por asociación ilícita, entonces debía quedarse en el cielo". Cuando seas criticado debes recordar estos tres principios:

1. La gente que se queja constantemente, lo hacen como los niños. Y si tú los oyes entrarás en el juego de niños de ellos. ¿Te gustaría vivir con gente así?

2. Sin importar que Jesús hiciera, siempre fue criticado. Sigue adelante y sé la persona que respondió al llamado de Dios. Serás más feliz, saludable y al final estarás satisfecho(a).

3. Los resultados mostrarán la verdad. La última oración de Mateo 16:19 dice que "*la sabiduría demuestra estar en lo cierto por medio de sus resultados.*" En otras palabras, NO TE DEFIENDAS DE LA GENTE deja que los resultados hablen por sí mismos. No vivas de las opiniones de los demás.

SALIR PARA COMPARTIR ◈

1. Deja algunos sellos de correo a la próxima persona en la fila del correo.
2. Dona una hora de tus servicios profesionales.
3. Llévale un chocolate a un compañero de trabajo.

Mi oración de hoy:
Rey de Reyes, ayúdame a ser la persona que me has llamado a ser, sin importar la oposición, la crítica o el chisme que genere. Amén.

Después de la última crítica que recibí pienso que

_____

_____

DEVOCIONALES DIARIOS Y ACTIVIDADES DE SERVICIO

SALIR PREPARADO ◆

Lucas 15:11-13 "Para ilustrar mejor esa enseñanza, Jesús les contó la siguiente historia: Un hombre tenía dos hijos. El hijo menor le dijo al padre: Quiero la parte de mi herencia ahora, antes de que mueras. Entonces el padre accedió a dividir sus bienes entre sus dos hijos. Pocos días después, el hijo menor empacó sus pertenencias y se mudó a una tierra distante, donde derrochó todo su dinero en una vida desenfrenada."

OBEDECER ◆

Basado en la parábola del hijo pródigo, veamos tres cosas que **el hijo mayor no hizo.**

1. Él no detuvo a su hermano cuando se fue. En ningún momento de la historia lees que el hermano mayor ora, intercede o habla algo bueno de su hermano menor. Nunca lo llamo "su hermano". Le dijo otros nombres, e inclusive "tu hijo", pero nunca lo llamó "mi hermano". En lugar de actuar con aquel que deja "la casa" sin interés para lograr que se vaya, debemos de hacer hasta lo imposible (la parte que hace Dios) para que nuestro hermano se quede para siempre.

2. Nunca lo buscó cuando se fue.
Es interesante notar que el hermano mayor fue específico cuando habló del estilo de vida que llevaba el hermano menor. Esto nos deja con una sola pregunta: ¿Cómo lo sabía? ¡Qué fácil es juzgar desde lejos en vez ir a rescatar al perdido! Recordemos que a Dios le importan los perdidos y que sería muy difícil recibir a los que apuntas con el dedo.

3. Él no sintió alegría cuando volvió.
He aquí el punto más importante. La Biblia dice que el mayor y más "santo" de los dos hermanos **"se acercó"** a la casa. ¡Qué terminología tan interesante! No se dio cuenta de que en realidad él también estaba lejos de la casa. Él también necesitaba la gracia. Él tenía la necesidad de entender que no se trataba de ser "tan malo", sino ser suficientemente malo para necesitar la gracia.

*"Aquellos que han errado necesitan comprensión, ayuda y necesitan simpatía. Frecuentemente estos están abatidos y desanimados. Sobre todo lo anterior, necesitan **perdón gratuito.***
(Los Testimonios p.128, versión original del inglés)

SALIR A COMPARTIR ◆

1. Recolecta ropa para dar al necesitado.
2. Ten una conversación con una persona sin hogar.
3. Regálale un libro inspirador a una persona que esté pasando por un momento difícil.

Mi oración para el día de hoy:
Dios, ayúdame a luchar por el que ha errado, buscarlo y regocijarme con él. Amén.

Después de darle ánimo a mi hermano en la fe, pienso que...

_____

SALIR PREPARADO ◆

Lucas 19:10 "Pues el Hijo del hombre vina a buscar y a salvar a los que están perdidos."

OBEDECER ◆

El devocional de hoy fue escrito de manera intencional para los líderes. Son los que hacen que cada programa corra. Pero no necesitamos en esta época "correr" los programas sin ningún propósito. Especialmente cuando los hacemos sin pensar en el componente misional que debe tener. Recordemos al menos tres cosas:

1. Ten una visión altamente comprometida por alcanzar a los perdidos. ¿Quieres alcanzar a tu ciudad? ¿Qué significa esto? Sabes que alcanzar a aquellos que están perdidos en las ciudades significa que vendrán a tu iglesia, se sentarán al lado de tus hijos, irán a las actividades con aretes, olor a cigarrillo? La verdad es que muchas veces queremos alcanzar a los que les tenemos miedo. No podemos decir: "queremos crecer, pero que no sean muchos".
2. Hay que tener las "ganas" de ser un líder en tu esfera de influencia. Si Dios te ha dado una visión, prosigue hasta llegar a la meta. Hay que asegurar que no cambiaremos la doctrina, los principios bíblicos ni los diez mandamientos. Sé que cuando uno tiene un objetivo misional, habrá una fuerte oposición a cualquier proyecto que trate de evangelismo. Entiéndanlo: el diablo odia el evangelismo.
3. Hay que alinear la visión.
Dentro de nuestros objetivos, no debe haber visiones competitivas. Manténgase alejado del POR NOSOTROS, DE NOSOTROS y al final del día SÓLO NOSOTROS. Eso no era lo que Dios tenía en mente cuando creó la iglesia. Todo proyecto misional que hacemos en la iglesia y fuera de ella tiene el siguiente orden de importancia: 1. Cristo 2. Ellos 3. Nosotros.

SALIR A COMPARTIR ◆

1. Págale una comida al que está detrás de ti en el servi-carro.
2. Cómprale un postre a alguien que está comiendo solo.
3. Paga la cuenta de cualquier mesa en un restaurante.

Mi oración en el día de hoy:
Padre, ayúdame a entender tu pasión por alcanzar la comunidad que me rodea con la Verdad y el Amor. Impúlsame a cumplir el plan que tienes para salvar al mundo. Amén.
Al pensar en mis vecinos y en la misión que Dios me ha encomendado...

_____

_____

DEVOCIONALES DIARIOS Y ACTIVIDADES DE SERVICIO ◆

DEVOCIONALES DIARIOS Y ACTIVIDADES DE SERVICIO

SALIR PREPARADO ◆

1 Samuel 22:1-2 "Entonces David salió de Gat y escapó a la cueva de Adulam. Al poco tiempo sus hermanos y demás parientes se unieron a él allí. Luego, otros comenzaron a llegar —hombres que tenían problemas o que estaban endeudados o que simplemente estaban descontentos— y David llegó a ser capitán de unos cuatrocientos hombres."

OBEDECER ◆

¿Cómo podemos servir a los demás cuando tu vida es un desastre? El texto de hoy nos enseña un futuro rey en una cueva con un montón de problemas en sus manos. Tenemos tres principios que nos ayudan, especialmente los que están teniendo experiencia en una cueva.

1. Estar en una cueva es una experiencia única. Hay que aprender de la misma.
Una de las experiencias que más me han impactado positivamente en el ministerio es ver como otras personas están pasando por problemas que yo también he pasado. De manera que tengo la capacidad para decirles: Todo estará bien. Tener la vivir en la cueva es una experiencia de aprendizaje. Crece y aprende de la experiencia. Ayuda a otros cuando salgas victorioso de tus experiencias difíciles.
2. ¡Sal hacia fuera a servir! Nunca te sientas conforme en la cueva.
David se convirtió en líder con 400 personas en una cueva. Tienes que aprender a ser líder con lo que tienes, no con los que te gustaría tener. Los líderes son termostatos. Ajustan la temperatura del salón. No dejes que las circunstancias determinen tu esfuerzo. Un líder da lo mejor de sí dondequiera que esté. **3. Busca a la gente que Dios te envía. Nunca los dejes solos.** La vida tiene dificultades. Cuando estás en el medio del caos, Dios siempre envía a alguien para ayudarte en el tiempo de la prueba. A veces llegamos al punto de ignorar los mentores, quienes nos dan una perspectiva correcta de las cosas, nos ofrecen ánimo y nos recuerdan los logros alcanzados y lo que nos queda por hacer.

SALIR AL COMPARTIR ◆

1. Sé mentor de un joven.
2. Paga diez dólares de gasolina a otra persona.
3. Cómprale flores a la cajera que te atiende en el supermercado.

Mi oración para el día de hoy:
Jesús, ayúdame a entender que todavía estoy a tu servicio aunque esté pasando por situaciones difíciles. Ayúdame a servir aunque esté en "la cueva". Amén.

Cuando he servido a pesar de los problemas me he sentido...

_____

_____

SALIR PREPARADO ◆

Génesis 13:8 "Finalmente, Abram le dijo a Lot: «No permitamos que este conflicto se interponga entre nosotros o entre los que cuidan nuestros animales. Después de todo, ¡somos parientes cercanos!»"

OBEDECER ◆

Tres sugerencias para manejar los conflictos:
1. El objetivo es la unidad, no la paz (ausencia de conflicto).
Lea las siguientes palabras lenta y cuidadosamente. *El conflicto es inevitable.* Va a suceder. El objetivo no es estar libre de conflictos, sino trabajar por lo que es justo. En la Biblia, la paz no era el objetivo en sí, sino el producto de factores que contribuían a la misma. "Un conflicto saludable es aquel donde tengo una diferencia contigo sin soltarte de la mano."
2. Toma pasos que sean prácticos para resolver el conflicto.
Tres claves para resolver el conflicto.
1. Pregunta. No interpretes o asumas, ni tampoco des por hecho. No trates de adivinar. Pregunta.
2. Ora antes. Ora cuando el probable conflicto esté por comenzar y actúa como una sábana que evitará que el fuego (conflicto) se propague.
3. Concéntrate. Pégate al problema real y toma un problema a la vez. Resiste la tentación de tratar de resolver todos los problemas a la vez. Esto requiere disciplina. Muchas veces el problema no es el verdadero problema. Ve a la raíz, no a las ramas.
3. A mayor esfuerzo en compartir el evangelio, menor la cantidad de conflictos.
La cantidad de conflictos poco saludables que hay en una iglesia es inversa a la proporción del enfoque en la misión que la iglesia tenga. Usualmente el menos que hace es el más que demanda que hagan. Como líderes, no jugamos el juego de "apagar fuegos", sino mantener la misión de la iglesia en primer lugar. Entre más personas estén involucradas en el propósito de la iglesia, menos argumentos existen para pelear o causar conflictos. ¿Tu iglesia está más enfocada en servir a la comunidad o a sí misma?

SALIR A COMPARTIR ◆

1. Limpia tu lugar de trabajo antes de que el empleado de custodia lo haga.
2. Bota la basura.
3. Paga por una bebida, una comida o la propina a la persona que está detrás de ti en la fila.

Mi oración para el día de hoy:
Padre, ayúdame a ser amoroso en mis relaciones con los demás, y ayúdame a servir a aquellos que no tengan Buena relación conmigo. Amén.

Cuando tengo conflictos en la iglesia con alguien pienso...

(margen vertical izquierdo) DEVOCIONALES DIARIOS Y ACTIVIDADES DE SERVICIO

SALIR PREPARADO

Mark 3:13 "Tiempo después Jesús subió a un monte y llamó a los que quería que lo acompañaran. Todos ellos se acercaron a él. Luego nombró a doce de ellos y los llamó sus apóstoles. Ellos lo acompañarían, y él los enviaría a predicar y les daría autoridad para expulsar demonios..."

OBEDECER

Servir a las personas puede dejar a uno exhausto y a veces frustrante. Cuando te des por vencido recuerda tres cosas muy importantes:

1. ¡**La persona que te llamó** es importante! Jesús llamó a sus discípulos dos mil años atrás y todavía sigue haciendo el mismo llamado. El sentido de llamado es crucial, especialmente cuando pasamos por momentos difíciles, porque a veces lo único que nos queda es el llamado.
2. **El propósito** por el cual fuiste llamado también es importante. Reconoce por qué él te llamó. Hubo tres cosas que los discípulos pudieron hacer después de recibir el llamado. Sacar demonios; predicar; sanar. En el mundo de hoy es probable que tu llamado haya sido buscar a los que están perdidos. ¡Hoy Dios nos llama a estar con él! Tenemos que **ser** antes de **hacer**.
3. **La personalidad o el carácter** del que es llamado también es clave en nuestra misión. Cada discípulo que Jesús llamó tenía diferentes personalidades. No existía uniformidad. Era evidente que la diversidad de caracteres de los discípulos fue algo beneficioso para el progreso del cristianismo. Provenían de familias diferentes, condiciones económicas distintas, visiones políticas particulares y trabajos diferentes. El mensaje que se nos trae es que si Dios pudo trabajar con estas doce personas a las cuales él llamó, entonces *Jesús puede trabajar conmigo*. Vivieron sus vidas sirviendo a otros a partir de su llamado.

SALIR A COMPARTIRLO

1. Sé un conductor amable. (Es posible en cualquier tipo de tráfico.)
2. Detén el elevador para permitir que uno más pueda llegar a tiempo a su cita.
3. Visita un puesto de comida en la calle y cómprale cualquier cosa.

Mi oración en el día de hoy:
Señor, ayúdame a recordar que soy un ser humano y no una máquina de hacer cosas. Estaré contigo antes de trabajar contigo. Amén.

Al contemplar tu obra en cada discípulo me siento...

_____

_____

SALIR PREPARADO ◈

1 Samuel 14:1 "Cierto día, Jonatán le dijo a su escudero: «Ven, vamos a donde está la avanzada de los filisteos». Pero Jonatán no le dijo a su padre lo que pensaba hacer."

OBEDECER ◈

Supongamos que por un momento tú eres Jonatán. Si vas a atacar al enemigo, ¿Compartirías esa valiosa información militar con el rey quien también es su padre? Jonatán escogió no compartir su plan. Ten cuidado de con quién compartes tu visión. ¿Por qué hay que ser cuidadoso?

1. **Algunos no lo soportarán.** No les gusta el hecho de que no sea su idea.
2. **Algunos se opondrán.** No les gusta el hecho de que ellos sean escogidos.
3. **Algunos se burlarán.** Ven como una tontería tu éxito.
4. **Algunos te cuestionarán.** Ellos te preguntarán: ¿Estás seguro? No ¿En qué te puedo ayudar?

Vamos a dar unos consejos prácticos. Una vez de que estás convencido de que Dios te ha dado una visión, puede ser que alguien te diga que eso que has recibido no sirve. En lugar de desechar la crítica, tómala como un paso para depurarla, hasta convertir esa visión en una obra de arte para Dios. Pero tampoco dejes que la crítica detenga el desarrollo de la visión. Cualquier proyecto que es bendecido por Dios el diablo lo ataca. Aunque no debes ser temerario o irresponsable con las decisiones que vas a tomar, debes dar un paso por fe. Las más grandes invenciones y las grandes metas realizadas tienen dos cosas en común:
Fueron concebidas por un visionario.
Tuvieron oposición de muchas personas.
Entonces, sigue adelante y sirve a tu comunidad en el nombre de Jesús.

SABER COMPARTIR ◈

1. Visita un hogar de ancianos.
2. Di gracias a alguien por hacerte cualquier favor.
3. Bota la basura.

Mi oración para el día de hoy:
Mi Dios, tengo pasión por servir a la comunidad, pero a veces se presenta la oposición para impedir mi proyecto. Ayúdame a ver lo que tú ves para continuar. Amén.

Mi gran visión para servir a los demás es...

_____

_____

DEVOCIONALES DIARIOS Y ACTIVIDADES DE SERVICIO

SALIR PREPARADO ◈

Proverbios 19:17 "Si ayudas al pobre, le prestas al SEÑOR, ¡y él te lo pagará!"

OBEDECER ◈

La gracia es gratuita, pero el ministerio necesita recursos. Si Dios te ha bendecido, también puedes ser una bendición para otros. Dios te da dinero por tres razones.

1. Para economizar. Los expertos financieros dicen que por lo menos cinco por ciento de lo que ganamos debe ser economizado. Cuando economizamos, hacemos tres cosas:
   a. Para prepararse para lo inesperado.
   b. Para asegurar que nuestros hijos tengan la oportunidad de tener éxito en la vida.
   c. Porque obedecemos el mandato del Señor.

2. Para ser compartido. Cuando damos, beneficiamos a otros en el avance de la obra de Dios sobre la tierra. Un filántropo dijo: "Doy mi dinero con una pala para Dios y él hace lo mismo. Pero lo interesante es que su pala es más grande que la mía." Cuando le damos primero a Dios, declaramos que lo espiritual es primero y que el consumir es segundo.

3. Para ser disfrutado. El siguiente pasaje bíblico establece claramente este principio: "También es algo bueno recibir riquezas de parte de Dios y la buena salud para *disfrutarlas*. Disfrutar del trabajo y aceptar lo que depara la vida son *verdaderos regalos de Dios*." (Eclesiastés 5: 19) Evitamos los extremos. No debemos ser consumidores adictivos, sino que gastamos sabiamente en actividades que podemos participar, especialmente si estamos en familia. ¿Cómo has usado los recursos que Dios te ha dado para bendecir a otros en esta semana?

SALIR A COMPARTIR ◈

1. Cuando veas un accidente automovilístico, llama al 911 y detente hasta que lleguen los paramédicos.
2. Pega un pensamiento positivo en la ventana del bus.
3. Dona una de tus posesiones favoritas o el diez por ciento de tu ropa.

Mi oración del día de hoy:
Pastor de mi vida, ayúdame a darme cuenta de cuán bendecido soy. Gracias por darme el privilegio de bendecir a alguien menos afortunado que yo en el día de hoy.

Cuando ayudé a alguien hoy me sentí...

_____

_____

SALIR PREPARADO ◈

Mateo 23:5 "Todo lo que hacen es para aparentar. En los brazos se ponen anchas cajas de oración con versículos de la Escritura, y usan túnicas con flecos muy largos."

OBEDECER ◈

Todo acto es motivado por un sentimiento. Dios no solo ve los hechos, sino que conoce las intenciones de cada uno. Te has preguntado: ¿Por qué tengo que servir? Aquí hay algunos motivos por los cuales se sirve:

- Hábito: Es lo que te han enseñado. De manera que lo que aprendo, eso hago.
- Obligación: Si no sirves a otros, te dejarán de lado, entonces sirve.
- Miedo: Si te detienes en el servicio a otros, algo más malo te pasará a ti.
- Presión de grupo: Toda tu familia y los hermanos de la iglesia sirven a otros, por lo tanto, tú   también.
- Alguien te pidió que sirvieras: Pues tú serviste.
- Por interés propio: Quieres más bendiciones. Oíste que si servías, tú también las   recibirías.
- Influencia: Cuando sirves a otros de manera significativa, tu opinión tiene más peso.
- Legalismo: Cuando crees que el acto de servir te gana la salvación, entonces sirves.
- Competencia: Tú quieres que tu iglesia, tu grupo, tu familia o tú mismo sirvan más que _____.

¿Por qué tú sirves? ¿Cuál es la razón real? Why do you serve? What is the real reason? Debemos servir simplemente porque:

- Dios nos sirvió primero. Servimos por lo que Dios ha hecho por nosotros.
- Porque reconocemos la soberanía y el poder de Dios sobre nuestras vidas.
- Porque amamos a Dios y no podemos dejar de servirle. Servir para nosotros no es una opción.

SALIR A COMPARTIR ◈

1. Deja que alguien se te adelante en la fila del supermercado.
2. Escucha a alguien atentamente.
3. Prepara una comida nutritiva a alguien sin hogar.

Mi oración del día de hoy:
Jesús, quiero servirte a ti y otros por las razones correctas. Amén.

Cuando pienso en lo que has hecho por mí....

_____

_____

DEVOCIONALES DIARIOS Y ACTIVIDADES DE SERVICIO

SALIR PREPARADO ◈
2 Corintios 8:2-3 "Estas iglesias están siendo probadas con muchas aflicciones y además son muy pobres; pero a la vez rebosan de abundante alegría, la cual se desbordó en gran generosidad. Pues puedo dar fe de que dieron no sólo lo que podían, sino aún mucho más. Y lo hicieron por voluntad propia."

OBEDECER ◈
Cuando hablo con parejas casadas les pregunto: ¿Cuál es el mayor enemigo que tienen en su casa? La respuesta es extraña, pero cierta: *La rutina* es la mayor enemiga. Hoy fue como ayer, igual que el día anterior. Es un día distinto en el calendario pero es la misma rutina. La monotonía mata el amor, arroja fuera la pasión y destruye las relaciones. ¿Cómo este concepto aplica al servicio? Tengo tres retos para ti:

1. Deja la zona de la comodidad. Da más de lo que piensas que puedes dar. Da hasta que duela. Ponte de acuerdo con Dios con respecto a apoyar un proyecto de la iglesia o un esfuerzo evangelístico o una persona que necesite ayuda. Pon a Dios a prueba. Ve más allá de tus habilidades.
2. Si tú quieres tener lo que nunca has tenido, da lo que nunca has dado antes. En otras palabras si sigues dando lo que has dado antes, siempre tendrás lo que has dado todo el tiempo. ¿No es hora de ir al siguiente nivel? Ve más allá de tu zona de comodidad.
3. No esperes a que las condiciones estén buenas, comienza a servir hoy. Te garantizo que si sigues esperando a que las cosas sean ideales para comenzar a servir, entonces te aseguro que nunca comenzarás. Sé que no te gustaría quedar mal, pero es hora de no perder la oportunidad que Dios te ofrece de ir más allá de tus posibilidades. ¡Acepta el reto de Dios! ¡Comienza a servir!

SALIR A COMPARTIR ◈
1. Deja que las cosas tomen su rumbo y ríete de ti mismo.
2. Comparte tu último bocado.
3. Haz una pausa en tus labores diarias para ayudar a alguien.

Mi oración para el día de hoy:
Dios, te pido permiso para ir más allá de mis posibilidades. Sé que me ayudarás. Amén.

Hoy fui más allá de mis posibilidades y me siento...

_____

_____

SALIR PREPARADO ◈

Génesis 12:2 "Haré de ti una gran nación; te bendeciré y te haré famoso, y serás una bendición para otros."

OBEDECER ◈

Completa la siguiente oración: Cuando yo sea rico, yo _____
_____. (2 Corintios 9: 11) Algunos escribirán lo siguiente:

- Podré vivir bien.
- Podré pagar mis deudas.
- Podré proveer para mi familia.
- Podré pagar mi casa.
- Podré tener seguridad económica.

Si Dios, en su infinita misericordia, te enviara un cheque de un millón de dólares mañana, ¿qué harías con él? ¿Cómo impactarías al mundo? ¿Cómo ayudarías a tu comunidad? Te reto a delinear un plan desde el día de hoy para ayudar a tu comunidad. Piensa en grande más allá de lo que ves al momento. Prepárate para poner en práctica lo que quieres cuando venga la oportunidad, comenzando con lo pequeño hoy. Este devocional está hecho para mantener ese proyecto que tienes en mente para cumplir el propósito de Dios. "Efectivamente, serán enriquecidos en todo sentido para que siempre puedan ser generosos; y cuando llevemos sus ofrendas a los que las necesitan, ellos darán gracias a Dios." (2 Corintios 9: 11)

SALIR A COMPARTIR ◈

1. Siembra un árbol
2. Envía a un maestro una flor o una carta de agradecimiento.
3. Envía una carta de agradecimiento a tus padres.

Mi oración en el día de hoy:
Señor, ayúdame a ser generoso de manera consistente. Amén.

Hoy seré generoso al...

_____

_____

DEVOCIONALES DIARIOS Y ACTIVIDADES DE SERVICIO

SALIR PREPARADO ◈

2 Corintios 8:7-9 "Dado que ustedes sobresalen en tantas maneras —en su fe, sus oradores talentosos, su conocimiento, su entusiasmo y el amor que reciben de nosotros— quiero que también sobresalgan en este acto bondadoso de ofrendar. No estoy ordenándoles que lo hagan, pero pongo a prueba qué tan genuino es su amor al compararlo con el anhelo de las otras iglesias. Ustedes conocen la gracia generosa de nuestro Señor Jesucristo. Aunque era rico, por amor a ustedes se hizo pobre para que mediante su pobreza pudiera hacerlos ricos."

OBEDECER ◈

Las personas que han experimentado la gracia de Dios entienden tres cosas:

1. Conocen la conexión entre la gracia y la generosidad. Antes que todo, debemos entender que esa conexión existe. Muchos cristianos no entendemos este concepto. Una personas salvada es un persona generosa. Si yo me estoy ahogando y alguien me salva, ¿cómo respondo ante ese gesto? Si yo necesitara un trasplante de corazón y alguien lo dona, ¿cómo respondería? Sé que todos diríamos lo mismo: con generosidad.

2. Entienden que la generosidad es una evidencia de la salvación. La generosidad no compra nuestra salvación; es la evidencia de ella. Mientras más claro tengamos el sacrificio de Jesús, somos más pro activos en ayudar a otros. De la misma manera que Jesús abrió sus manos en la cruz y bendijo al mundo en su totalidad, nosotros, sus seguidores abrimos nuestras manos al mundo ofreciendo servir desinteresadamente.

3. Entienden las implicaciones de ser generoso. El texto de hoy nos cuenta lo que Dios nos dio y como eso mejoro nuestra situación. El la implicación verdadera en dar. Los demás lo hacen mejor. Los demás progresan. Los demás cambian. Otros son salvados. ¿Qué mejor recompensa podemos recibir que cambiar la vida de otra persona?

SALIR A COMPARTIR ◈

1. Llévales a alguien una canasta de frutas.
2. Deja en un lugar público un buen libro con una nota.
3. Dona libros a la biblioteca local.

Mi oración del día de hoy:
Rey de Reyes, gracias por salvarme. No hay manera de pagarte, pero ayúdame a extender la gracia a otros como me la has extendido a mí. Amén.

Reconozco que tu gracia me sostiene. Hoy deseo extenderla a...

_____

_____

SALIR PREPARADO ◁

Salmos 39:4-7 "SEÑOR, recuérdame lo breve que será mi tiempo sobre la tierra. Recuérdame que mis días están contados, ¡y cuán fugaz es mi vida! La vida que me has dado no es más larga que el ancho de mi mano. Toda mi vida es apenas un instante para ti; cuando mucho, cada uno de nosotros es apenas un suspiro. Somos tan sólo sombras que se mueven y todo nuestro ajetreo diario termina en la nada.
Amontonamos riquezas sin saber quién las gastará. Entonces, Señor, ¿dónde pongo mi esperanza? Mi única esperanza está en ti."

OBEDECER ◁

Tres peligros de dejar para mañana lo que puedes hacer hoy:

1. Hoy puedes ser la contestación a la oración de otra persona. Una de las cosas que Dios hace, a través de su Espíritu, es conectar a los hijos de Dios con aquellos que necesitan o que tú necesitas para suplir una necesidad. Si Dios te ha impresionado para hacer algo ahora, hazlo. Posponer tu generosidad es desobedecer. En vez de decir "más tarde" es el momento de afirmar tus convicciones y decir "he decidido".
2. Estás vivo hoy, pero tú no sabes que será del mañana. Si tú entiendes que servir es un privilegio, estoy seguro de que no querrás posponer ese llamado para más tarde. Observa las frases que el salmista dice acerca de la fugacidad del tiempo: "breve", "contado", "suspiro" o "sombras". David expresa claramente lo que muchos ignoran: El mañana no está garantizado, de manera que debes servir hoy.
3. Tú puedes decidir lo que va a ocurrir hoy, pero mañana otro lo hará por ti. Mientras estamos vivos, decidimos cómo, dónde, cuánto o a quién damos nuestros servicios o donativos. Después que morimos, si dejamos un testamento, ponemos en control de otros lo que no decidimos hoy. Por el hecho de estar vivo hoy, haz el bien a los demás.

SALIR A COMPARTIR ◁

1. Envía flores a un compañero de trabajo.
2. Compra una sombrilla extra para los días lluviosos.
3. Dale a la mesera una propina mayor de lo usual.

Mi oración para el día de hoy:
Señor reconozco que el mañana no está garantizado. ¿Me ayudas a hacer algo hoy?

Señor cuando dejo algo pendiente pienso que....

_____

_____

DEVOCIONALES DIARIOS Y ACTIVIDADES DE SERVICIO

SALIR PREPARADO ◈

Eclesiastés 3:1, 12 "Hay una temporada para todo, un tiempo para cada actividad bajo el cielo." "Así que llegué a la conclusión de que no hay nada mejor que alegrarse y disfrutar de la vida mientras podamos."

OBEDECER ◈

Hay tres maneras de manejar tu tiempo de manera que puedas servir a otros.

1. Baja tu tren de vida. En un estudio reciente, cincuenta por ciento de los encuestados expresaron que querían bajar su tren de vida pero no sabían cómo. ¿Cómo bajar tu tren de vida? Una de las maneraas de saber si no lo has bajado es darte cuenta de que no terminas todos los trabajos que tienes que realizar. Cuando bajas tu ritmo, te darás cuenta de que hay otras personas alrededor tuyo. ¿Cuándo comenzarás a bajar tu ritmo de vida?

2. Mira a Dios. Cuando comienzas a bajar tu ritmo incluye momentos de oración y de lectura de la Palabra y también momentos para actuar sobre lo que te has propuesto. Pregúntale a Dios si hay gente que están heridas alrededor tuyo, y minístrales. ¿Cuál es el mejor momento del día para conectarte con Dios?

3. Proponte metas. El autor Brian Tracy dice que cada minuto que tú planificas el día anterior te economiza diez minutos al siguiente día. ¿Cuán claras están tus metas? ¿Qué metas específicas te has trazado para servir a otros durante este año? ¿Esta semana? ¿Esta década?

SALIR A COMPARTIR ◈

1. Prepara una comida para llevar para el cartero que pasa por la mañana.
2. Envía por correo a un amigo una gran sorpresa: Una caja de "cupcakes".
3. Envía una broma sana a tu gerente para que sonría.

Mi oración en el día de hoy
Padres celestial, Ayúdame a bajar mi ritmo de vida para darme cuenta de los que necesitan. Ayúdame a manejar mi tiempo de tal manera que pueda ministrar a otros.

Te menciono dos cosas que puedo hacer ahora que manejo eficientemente

_____

_____

SALIR PREPARADO ◈

Proverbios 19:17 "Si ayudas al pobre, le prestas al SEÑOR, ¡y él te lo pagará!" **Deuteronomio 15: 4** "No deberá haber pobres en medio de ti, porque el SEÑOR tu Dios te bendecirá en abundancia en la tierra que te da como preciada posesión."

OBEDECER ◈

Hoy podemos aprender dos valiosas lecciones:

1. Quizás no podemos ayudar a todos los pobres, pero podemos comenzar ayudando a uno. Esta historia ilustrará mi punto: Una mañana, a la orilla del mar vi un hombre agacharse y luego se levantaba haciendo esto una y otra vez. Al acercarme me di cuenta de que no estaba bailando, pero si estaba averiguando que las cosas que las olas del mar traían. Se agachaba, tomaba una estrella de mar y la devolvía al mar. Yo le pregunté qué estaba haciendo. Él me contestó: Las *olas traen estas estrellas a la orilla del mar y cuando salga el sol morirán porque no pueden volver al mar.* Miré la orilla y había miles de estrellas de mar que cubrían la orilla. Le dije que no veía la diferencia porque había un número incalculable de estrellas a la orilla del mar. El hombre pausó, pareciendo meditar en lo que yo le acababa de decir. Luego se inclinó y arrojó otra estrella de mar, esta vez lo más lejos que pudo. Entonces me dijo: "*Sólo le estoy haciendo la vida diferente a esa estrella*".

2. Los cristianos debemos enfocarnos en ayudar a los pobres. Rob Graham, hijo de Billy Graham, dice, "Si no conoces a los pobres o ellos no te conocen a ti, entonces hay una crisis dentro de tu cristianismo. Porque conocer y ser conocido por los pobres es una parte esencial del mismo."

SALIR A COMPARTIRLO ◈

1. Sé voluntario al repartir comida a los pobres.
2. Ayuda a construir (o reconstruir) una casa para los pobres.
3. Envía una donación a ADRA o a Compasión Internacional.

Mi oración para el día de hoy:
Jesús, hay gente pobre en mi comunidad que necesitan mi ayuda. Ayúdame a brindarles el amor que necesitan. Amén.

Al ayudar a una persona necesitada me siento...

_____

_____

DEVOCIONALES DIARIOS Y ACTIVIDADES DE SERVICIO

SALIR PREPARADO ◆
Mateo 5:16 "De la misma manera, dejen que sus buenas acciones brillen a la vista de todos, para que todos alaben a su Padre celestial."

OBEDECER ◆
Hay cuatro maneras de glorificar a nuestro Padre con nuestras obras:
1. Nuestras buenas obras son como un faro o una luz en un aeropuerto que nos da dirección para aterrizar con seguridad. Nuestras palabras, acciones y actitudes pueden revelar a nuestro Padre que está en los cielos y glorificarlo.
2. Nuestras buenas obras serán una luz que iluminará el mundo.
Nuestras palabras, acciones y actitudes serán una antorcha que dará luz al mundo sobre lo que es correcto e incorrecto. Definitivamente esto glorificará a nuestro Padre.
3. Nuestras buenas obras darán seguridad en áreas de actividad criminal. Nuestra generosidad revela la codicia existente; nuestro amor revela el odio y el prejuicio; nuestra bondad revela la rudeza, nuestra fe en Dios revela la disparidad o la falta de confianza; nuestra seguridad en la salvación revela el miedo al futuro; nuestra esperanza revela la decepción; nuestra fe en un Dios vivo revela la falta de fe en nuestros líderes cívicos o políticos y por lo tanto tenemos que lograr que nuestra luz provea una sociedad más segura y un mejor lugar para vivir.
4. Nuestras buenas obras deben revelar que Jesús es la luz del mundo.
Un cristiano es como Cristo es. Por nuestras palabras, acciones y actitudes revelamos a Jesús y mostramos al Padre.

SALIR A COMPARTIR ◆
1. Visita un albergue de animales.
2. Visita un orfanato y lleva donaciones.
3. Invite a un vecino a comer con su familia.

Mi oración para el día de hoy:
1. Dios úsame para compartir la luz de una manera práctica y tangible.
2. Padre que la gente que esté buscando la luz la encuentre a través de mi amor por los demás.

Represento la luz de Cristo al mundo cuando...

_____

_____

DEVOCIONALES DIARIOS Y ACTIVIDADES DE SERVICIO

SALIR PREPARADO ◈

Salmo 143:10 "Enséñame a hacer tu voluntad, porque tú eres mi Dios. Que tu buen Espíritu me lleve hacia adelante con pasos firmes."

OBEDECER ◈

Dios nos ha pedido servir a nuestra comunidad. ¿Estamos dispuestos a obedecerlo? Hay tres razones por la cual la obediencia es importante:

1. La obediencia es nuestra protección contra el mal. ¡Al piso! Le dijo el misionero como un mandato urgente a su hijo. Esto sucedió mientras caminaban cerca de la aldea. El hijo del misionero estaba buscando protegerse del candente sol de este hermoso continente. El padre vio una Mamba negra que iba a atacar a su hijo. La mordida de esta serpiente es letal en el cien por ciento de los casos. Por eso fue que le gritó a su hijo para que bajara inmediatamente. El muchacho no tenía idea del porqué su padre le dio el mandato, pero por el respeto y el amor que le tenía obedeció de inmediato salvando la vida de este joven. De la misma manera, la obediencia a Dios nos protege de nosotros mismos.

2. La obediencia nos desarrolla para potenciarnos al máximo. Dios desea el bien para nosotros. Cuando nos pide obediencia, es seguro que nuestra vida será más exitosa y llena de satisfacciones. Cuando obedecemos y servimos a otros, progresamos.

3. La obediencia es la prueba y la evidencia de mi amor por Dios. "Los que aceptan mis mandamientos y los obedecen son los que me aman. Y, porque me aman a mí, mi Padre los amará a ellos. Y yo los amaré y me daré a conocer a cada uno de ellos." Cuando no obedecemos ponemos nuestros deseos por encima del amor de nuestro Dios. La paradoja reside que entre más pongamos a Dios en primer lugar sobre nuestros deseos, más bendecidos seremos. Entre más nos demos importancia, menos bendiciones tendremos. La prueba de que amamos a Dios está en cómo servimos a los demás.

SALIR A COMPARTIR ◈

1. Pega una colección de noticias positivas en una sala de espera.
2. Cierra un grifo que esté dañado.
3. Cuida un bebé para que sus papás salgan a una cita.

Mi oración para el día de hoy:
MI Cristo, ayúdame a ser obediente a tus mandatos. Quiero servir a los que están a mi alrededor hoy. Amén.

Al ser obediente pienso que...

_____

_____

DEVOCIONALES DIARIOS Y ACTIVIDADES DE SERVICIO

SALIR PREPARADO ◈

Salmo 5: 2-3 "Escucha mi grito de auxilio, mi Rey y mi Dios, porque sólo a ti dirijo mi oración. SEÑOR, escucha mi voz por la mañana; cada mañana llevo a ti mis peticiones y quedo a la espera."

OBEDECER ◈

¿Qué podemos aprender de estos versos hoy?

1. Estamos necesitados de ayuda y sólo Dios nos puede ayudar. Dios, nuestro Creador y Rey está esperando a que le llevemos nuestros problemas. Cuando miramos a nuestras comunidades, sólo vemos desesperación. Pero si miramos hacia arriba sólo vemos esperanza.

2. Estamos necesitados de oración constante.
No solo es importante venir a Dios en oración, sino que tenemos que hacer de la misma nuestra constante necesidad. Cuando dedicamos nuestro tiempo a estar con Dios en constante comunión nos daremos cuenta de cuanto él nos ama y nos quiere ayudar en tiempos difíciles. Tenemos que aprender a creer en él y verlo como un amigo con quien podemos compartirlo todo. La oración es el camino que nos enseña a quién debemos ayudar.

3. Tenemos que estar a la expectativa de que Dios conteste nuestra oración. Dios tiene simpatía con nuestros asuntos y nuestras luchas y está dispuesto a ayudarnos y darnos soluciones a nuestros problemas porque él es un Dios de poder. Sin duda alguna debemos creer que contestará nuestras oraciones en la medida que estemos dispuestos a seguir su voluntad sin vacilar. Sólo podemos esperar cosas buenas de Dios. La vida cristiana es una vida de espera. Nuestra gran esperanza, el pronto regreso de Jesús ha sido de constante expectación. Todo eso terminará cuando él regrese. Precisamente esa esperanza es la bujía que me ayuda a servir a otros.

SALIR A COMPARTIR ◈

1. Léele a un niño.
2. Corta la grama de un patio.
3. Recicla.

Mi oración del día de hoy: Oro para que la gente se dé cuenta de que hay un Dios en el cielo que escucha nuestras oraciones. Oro para que otros vean la feliz expectativa de esperar el regreso de Cristo a esta tierra. Oro para que otros conozcan a nuestro amante Salvador y amigo quien quiere oír nuestras peticiones. Amén.

Al pensar en mi petición, pienso que...

_____

_____

SALIR PREPARADO ❖

Romans 4:17 "A eso se refieren las Escrituras cuando citan lo que Dios le dijo: *Te hice padre de muchas naciones.* Eso sucedió porque Abraham creyó en el Dios que da vida a los muertos y crea cosas nuevas de la nada."

OBEDECER ❖

Podemos aprender tres lecciones del texto de hoy.

1. Dios es el único que tiene un plan para el juego. El texto nos ofrece la frase "como está escrito". Nuestro Padre sabe los retos que ofrecen la vida y las dificultades que enfrentamos. Como sus hijos tenemos que recordar que a Dios ningún asunto nuestro le toma por sorpresa. Esto muy importante cuando servimos a otros. En vez hablarle a Dios sobre nuestro plan, mejor pídele que él te muestre el suyo y síguelo.

2. Dios es el único que "grita" (como en un juego) las jugadas. A menudo vivimos nuestras vidas en constante perturbación. Enfrentamos lo desconocido. Nuestra fe es juzgada por las circunstancias en las cuales vivimos. Ese fue el caso de Abraham. ¿Cómo ser padre en plena vejez? Pero la promesa de Dios no falló. Él sabía que sería victorioso porque el Todopoderoso era el dirigente de su vida. Sabía que la vida eterna sería su victoria consumada.

3. Dios es el único que conoce los jugadores de su equipo. Él nos ha escogido a nosotros como sus representantes en el planeta. Cuando nos llaman pecadores, él nos llama santos. Cuando somos débiles, a través de la fe, nos volvemos fuertes. Todo lo que él promete, lo cumple. "Mis enemigos emprenderán la retirada cuando yo clame a ti por ayuda. Una cosa sé: ¡Dios está de mi lado!" (Salmo 56: 9) El hecho de que el Entrenador esté de mi lado hace una diferencia crucial. Él posibilidades donde yo veo obstáculos. Él ve la victoria donde yo sólo veo fracasos. Él ve ganancias donde yo veo pérdidas. De manera que puedes ir confiado a servir a otros. ¡Vamos a ganar!

SALIR A COMPARTIR ❖

1. Sonríele a la persona que está conduciendo a tu lado en la intersección.
2. Aprecia a la gente que está a tu lado y comunícaselo para que ellos sepan que alguien los aprecia.
3. Crea o compra una pieza de arte y regálasela a alguien.

Mi oración para el día de hoy:
Señor, dame la seguridad que sólo se disfruta cuando estamos en tu equipo. Lánzame al terreno de juego, en una posición donde predique el evangelio a través del servicio a los que necesitan. Amén.

Para mí trabajar en el equipo de Dios junto a mis amigos es...

_____

_____

DEVOCIONALES DIARIOS Y ACTIVIDADES DE SERVICIO

SALIR PREPARADO ◈

Apocalipsis 21:5 "Y el que estaba sentado en el trono dijo: ¡Miren, hago nuevas todas las cosas!». Entonces me dijo: Escribe esto, porque lo que te digo es verdadero y digno de confianza."

OBEDECER ◈

Podemos aprender tres lecciones de este texto:

1. El que habla está sentado en el trono. El trono denota una posición de autoridad del que habla desde ese lugar. Sus palabras no son una mera posibilidad. Más que eso, cuando Dios se sienta en el trono sus Palabras se vuelven acciones porque él tiene el poder para hacerlo así. Hay que creer en la autoridad suprema de Dios.

2. Dios hace todas las cosas nuevas. Al reflexionar sobre la muerte de un amigo o en otro que pierde todas sus pertenencias en un fuego, recuerdo lo impredecible que es la vida y que necesitamos urgente mente "nuevas las cosas". Dios creará todo de nuevo. Todo tendrá un nuevo comienzo. No es tan solo su plan para el futuro sino una realidad en el presente. Dios continuamente hace todas las cosas nuevas. Esto es el evangelio. Esto es amor. Creer en Dios como Creador.

3. Dios no miente. Muchas veces es interesante ver como los políticos prometen hacer el bien y luego no cumplen. Creen que Dios actúa de la misma manera. Pero Dios no miente. Sin importar cual confusa pueda ser la vida, Dios siempre será fiel. Sabemos que a veces provee contestaciones que parecerían no tener mucho sentido, pero lo que Dios hace es proveer constantemente la salida a nuestros retos y problemas. Su propósito es salvar, darnos una oportunidad de que abracemos nuevamente su amor. Confía en la fidelidad de Dios. Comparte su poder creador con otras personas. Que sepan que Dios hace nuevas TODAS las cosas. Al creer tendremos la fuerza para ayudar a los demás cuando nuestra fe decaiga.

SALIR A COMPARTIR ◈

1. Deja notas de aliento en cada sitio que puedas a una persona que no conoces.
2. Dona sangre.
3. Cocina para un padre que esté muy ocupado.

Mi oración para el día de hoy
Oro para que Dios me envíe recordatorios de que él es fiel y que confiaré en el plan de Dios y en su poder creador para traer el reavivamiento y la reforma a nuestras Iglesias y comunidades.

Cuando contemplo el poder de Dios, pienso que...

_____

_____

DEVOCIONALES DIARIOS Y ACTIVIDADES DE SERVICIO

SALIR PREPARADO ◈

Mateo 8:5-7 "Cuando Jesús regresó a Capernaúm, un oficial romano se le acercó y le rogó: —Señor, mi joven siervo está en cama, paralizado y con terribles dolores. —Iré a sanarlo —dijo Jesús. —Señor —dijo el oficial—, no soy digno de que entres en mi casa. Tan sólo pronuncia la palabra desde donde estás y mi siervo se sanará."

OBEDECER ◈

Tres principios deben ser aprendidos de este texto:

1. Las palabras de Jesús tienen el mismo poder que su presencia. No tenemos la presencia física del Señor entre nosotros hoy, pero tenemos su palabra. Cuando reclamamos las promesas del Señor en nuestras vidas, podemos ver el mismo poder trabajando en nosotros como si Cristo mismo estuviera presente físicamente.

2. Nuestra fe se demuestra en nuestra forma de hablar. Así como hemos leído acerca de la fe del oficial romano por su forma de expresarse, otras personas verán nuestra fe a través de nuestra forma de expresarnos. Cuando iniciamos un proyecto de servicio, las personas mirarán nuestra obra. ¿Qué ellos van a oír? En la comunidad la gente buscan personas que digan la verdad con amor. ¿Lo harás tú?

3. Las palabras sin poder no son efectivas. Nuestro texto indica que las palabras tienen que Ir acompañadas de poder. Esto significa que no es simplemente hablar por hablar. Mientras las palabras revelan nuestra fe, las acciones la confirman. ¡Nosotros debemos poner nuestra fe en acción! ¿A quién conoces que habla mucho y hace poco? ¡Cuánto molesta eso! Deja que tus palabras de tu boca sean acompañadas por las acciones de tus manos.

SALIR A COMPARTIR ◈

1. Regala una paleta.
2. Economiza tiempo.
3. Habla amablemente.

Mi oración para el día de hoy:
Señor Jesús, deja que mis palabras reflejen tu trabajo en mi vida. Amén.

Al evaluar las palabras que salen de mi boca pienso que...

_____

_____

DEVOCIONALES DIARIOS Y ACTIVIDADES DE SERVICIO

SALIR PREPARADO

1 Samuel 14:7 "—Haz lo que mejor te parezca —respondió el escudero—. Estoy contigo, decidas lo que decidas."

En esta historia bíblica, Jonatán entendía que en vez de hacer las cosas solo, era más fácil hacer las cosas envolviendo a otros. Hay una palabra muy pequeña que tiene un poder tremendo. Es la palabra **y**. Una cosa es decir "fui yo"; y otra cosa es decir: "fui yo y mi iglesia. En una sociedad tan polarizada no hemos alcanzado a comprender que nos necesitamos unos a otros. La unidad tiene mucho impacto en la comunidad que nos rodea.

OBEDECER

Dios nos creó para estar en comunidad. Siempre le da al líder la visión en primer lugar, pero esta no es exclusiva. Una buena visión compartida con las personas correctas, en el momento ideal, por las razones asertivas, logra más en menos tiempo. He aquí algunas de las personas que tú necesitas.

1. Mentores. Son personas sabias que puedes oír. Tienen experiencia y pueden ayudarte a encontrar maneras de servir a la comunidad.

2. Amigos. Son personas que se preocupan y pueden apoyarte. Quizás no tengan todas las respuestas pero siempre están contigo porque saben que tú puedes hacer la diferencia. Estas personas estarán contigo para alcanzar la comunidad.

3. Estudiantes. Estas personas pueden aprender de ti. Cada experiencia que tú tienes es una lección que puedes compartir para apoyar e inspirar a otros. Aprenden a qué hacer o no hacer para alcanzar a la comunidad a través del servicio.

Para terminar el trabajo que Dios nos ha encomendado necesitamos de todos. Tradicionales, contemporáneos, hombres, mujeres, jóvenes, adultos, primera y segunda generación, colegios acreditados y ministerios independientes, miembros laicos y obreros que cobran un salario. Somos una sola iglesia. Cuando nos atacamos mutuamente creamos confusión en nuestros jóvenes, disgusto en nuestros miembros y tardanza en el progreso de la obra. Si vamos a impactar un vasto territorio tenemos que ser como uno.

SALIR A COMPARTIR

1. Sirve de manera intencional a alguien que no esté de acuerdo en un asunto.
2. Dale a alguien una propina inesperada.
3. Toma una botella de agua y ofrécela a un compañero de trabajo.

Mi oración del día de hoy:
Querido Jesús, ayúdame a trabajar con otros efectivamente. Amén.

Si trabajo en equipo me siento...

_____

_____

SALIR PREPARADO ❧

Hechos 15:19 "Y mi opinión entonces es que no debemos ponerles obstáculos a los gentiles que se convierten a Dios."

OBEDECER ❧

Como parte de este gran proyecto de servicio, debemos poner atención especial a los invitados de nuestras Iglesias. ¿Qué hacemos cuando llegan al temple? Pongamos atención a los invitados en las siguientes áreas:

1. ¿Qué ellos escuchan? ¿Mantienes las expectativas o metas de cada culto positivas? ¿Es la directora (or) de Escuela Sabática una persona feliz por los hermanos que están participando o está quejándose de los que no cooperan? ¿Usan un lenguaje adecuado de manera que todos los invitados lo entiendan? Cuando se recoge la ofrenda, ¿Pintan un cuadro positivo de ellas o se habla de cuánto debe cada uno, de los atrasos y de la falta de compromiso de algunos miembros? La gente que tiene una visión de progreso positivo en la iglesia son las que se quedan. Nunca verás una persona que se quedará si todo lo que oye son quejas.

2. ¿Qué ellos ven? Todas las facilidades físicas deben estar debidamente rotuladas y arregladas. Una iglesia sin las debidas reparaciones no causará una buena impresión en el invitado. Los boletines de información de cada iglesia deben estar actualizados y no tener años de antigüedad. Si todo está fuera de lugar, si el estacionamiento se ve en estado deplorable, no hay himnarios o no están disponibles para nadie que venga a visitar, entonces le estás diciendo al invitado: No nos preocupamos por la iglesia ni tampoco nos preocuparemos por ti. No vengas aquí. Nosotros solos estamos bien.

3. ¿Qué huelen? Una iglesia que huele a humedad o a otra cosa que no sea limpieza envía un solo mensaje: El culto de hoy será soportado, no disfrutado. Andy Stanley en su libro Profundo y Ancho lo dice mejor: "el ambiente físico hace más que dejar una impresión; envía un mensaje." ¿Qué cambios harías para server con excelencia al invitado? ¿Podrías invitar a alguien con el ojo crítico para ver qué cambios se pueden hacer en el templo?

SALIR A COMPARTIR ❧

1. Prepara un obsequio para los invitados este fin de semana.
2. Llévale una sopa o un chocolate a una persona sin hogar.
3. Compra una película motivadora y positiva y regálasela a un joven del vecindario.

Mi oración para el día de hoy:
Padre celestial, ayúdame a que la experiencia que pasarán los invitados en la iglesia sea memorable. Amén.

La idea que llevaré a cabo para mejorar físicamente a la iglesia es...

_____

DEVOCIONALES DIARIOS Y ACTIVIDADES DE SERVICIO

SALIR PREPARADO ◆

Lucas 19:41 "Al acercarse a Jerusalén, Jesús vio la ciudad delante de él y comenzó a llorar...".
Lucas 13:34 "¡Oh, Jerusalén, Jerusalén, la ciudad que mata a los profetas y apedrea a los mensajeros de Dios! Cuántas veces quise juntar a tus hijos como la gallina protege a sus pollitos debajo de sus alas, pero no me dejaste."

OBEDECER ◆

Aprenderemos por lo menos tres lecciones de estos textos:
1. Un estilo de vida pecaminoso no desalienta una demostración de amor. Jerusalén tenía una historia de matar a todos los mensajeros que Dios enviaba y reusaban ser corregidos. A pesar de eso, Jesús los amó, les ministró, les predicó y los buscó para transformarlos.
2. En vez de irte, ama. Cuando Cristo vio la necesidad, fue hacia Jerusalén y no fuera de él. Él sabía que no lo iban a tratar muy bien, pero su corazón ardía por salar a la gente de la ciudad.
3. Amar es más que un sentimiento por la ciudad, es actuar por ella. Jesús lloró por la ciudad y se compadeció por la gente que vivía en ella. Eso era maravilloso, pero no suficiente. Tomó esos sentimientos y los puso en acción sanando, predicando y ayudando. El propósito de estas lecciones es precisamente lograr llevarnos como congregación del sentimiento a la acción.

SALIR A COMPARTIR ◆

1. Ofrece estampillas frente a las oficinas de correo un 15 de abril, cuando muchas personas envían sus declaraciones de impuestos. Una iglesia realizó este proyecto con mucho éxito.
2. Ofrece Gatorade en una bicicletada. Ellos no toman soda, de manera que cuando ofreces este tipo de bebida la acepta por mantener su salud.
3. Paga una multa de la biblioteca de la comunidad a otra persona.

Mi oración de hoy
Señor, ayúdame a amar mi ciudad y no dejarla. Enséñame como poner mis sentimientos en acción. Amén.

Cuando miro mi ciudad, pienso que puedo...

_____

_____

DEVOCIONALES DIARIOS Y ACTIVIDADES DE SERVICIO

SALIR PREPARADO ◈
Marcos 10:45 "Pues ni aun el Hijo del Hombre vino para que le sirvan, sino para servir a otros y para dar su vida en rescate por muchos."

OBEDECER ◈
Vamos a aprender tres principios de suma importancia:
1. El servicio amplia tu impacto en la comunidad. Cuando servimos, impactamos a tres grupos de manera positiva: el que sirve, los que son servidos y aquellos con quienes sirves. Esto es especialmente importante para la nueva generación de jóvenes que aman ver la iglesia impactando a las comunidades de manera práctica.
2. Sírvele con honor a Dios, bendice a la gente y cambia sus percepciones. Un líder evangelista lo propuso de esta manera: "El evangelismo que sirve suaviza el corazón de las personas que todavía no son cristianos-gente que piensa que la iglesia existe para sí misma y que sólo quiere el tiempo y el dinero de la gente. Cuando hacemos actividades de "bajo riesgo" donde mostramos "abundante gracia", aquellos que son resistentes a la fe (ahora o en el futuro) logran ser más abiertos al mensaje de salvación que ofrece Jesús."
3. El Servicio es más que un evento. Esto no es algo que hacemos una vez para aplacar la conciencia, apaciguar al liderato o un requerimiento establecido. Para hacer esto una prioridad en la iglesia debemos hacer cuatro cosas: Ponerlo en agenda; conseguir los fondos; modelar el tipo de actividad que se hará y hablar a otros acerca de la actividad en servicio.

SALIR A COMPARTIR ◈
1. Cuando salgas a pescar y compras carnada, cómprales también a otras personas que vayan también a esta actividad.
2. Cuando vayas a la lavandería prepara un rollo de monedas para pagarle a una persona que vaya a lavar y secar su ropa. Puedes también proveer detergente. (Nota: Este tipo de actividad las damas alcanzan a más personas que los caballeros, ya que es un poco más difícil para ellos.)
3. Ofrece toallas para limpiar las manos. En las ciudades y centros de compra hay mucha suciedad y no está mal ofrecer una toalla anti-bacterial que mantenga la salud de un ser humano en óptimas condiciones.

Mi oración de hoy: Mi Dios, ayúdame a entender el impacto del servicio en el mundo de hoy. Amén.

Hoy he decidido que el servicio es la mejor alternativa de evangelización porque...

_____

_____

DEVOCIONALES DIARIOS Y ACTIVIDADES DE SERVICIO

SALIR PREPARADO ◈

Mateo 25:35-36 "Pues tuve hambre, y me alimentaron. Tuve sed, y me dieron de beber. Fui extranjero, y me invitaron a su hogar. Estuve desnudo, y me dieron ropa. Estuve enfermo, y me cuidaron. Estuve en prisión, y me visitaron."

OBEDECER ◈

Eventualmente Dios abrirá las puertas para invitar a la gente a la iglesia. Mientras eso sucede recuerda:
1. Invitar es más efectivo en el contexto de una relación amistosa positiva. Podemos ser invitados mediante distintos métodos (desde los más sencillos hasta los que se usan a través de los medios electrónicos), algunos con mejores resultados que otros. *Pero la invitación de un amigo nadie la rechaza.* Llama a tus amigos, vecinos, compañeros de trabajo, socios de negocio y todo aquel con el que puedas hacer una bonita amistad.
2. Invitar es más efectivo cuando saber por qué. La invitación a una persona trae tres beneficios: Cambia la vida; transforma la situación de una familia y hace avanzar el reino de Dios. Los discípulos sabían el porqué. Los fundadores de nuestra denominación, también. ¿Sabes tú por qué invitas a alguien a una actividad de la iglesia?

SALIR A COMPARTIR ◈

1. Recoge la basura cerca de las universidades, especialmente domingos en la tarde, ya que muchos de estos estudiantes están en sus hospedajes los domingos.
2. Regálale a los estudiantes tarjetas postales con la estampilla de correos para que puedan escribirle a sus padres. Junto con la postal puedes darle una etiqueta que diga: "¡Qué bueno escribirte mamá!" Incluye una tarjeta donde se pueda comunicar contigo.
3. Compra tarjetas de descuentos de fotocopias para repartirlas en el campus de la universidad. Recuerda poner el logo de la iglesia y su número de teléfono en la tarjeta de descuento.

Mi oración de hoy
Jesús, ayúdame a ser valiente para tener el amor suficiente para invitar a la gente y para discernir sobre cuando debo hacerlo. Amén.

Un modo de invitar a alguien es...

_____

_____

SALIR PREPARADO ◇◈

Jonás 1:1 "El Señor le dio el siguiente mensaje a Jonás, hijo de Amitai: Levántate y ve a la gran ciudad de Nínive. Pronuncia mi juicio contra ella, porque he visto qué perversa es su gente. Entonces Jonás se levantó y se fue en dirección contraria para huir del Señor. Descendió al puerto de Jope donde encontró un barco que partía para Tarsis. Compró un boleto, subió a bordo y se embarcó rumbo a Tarsis con la esperanza de escapar del Señor."

OBEDECER ◇◈

Jonás fue un personaje interesante. Hacía las cosas que Dios le mandaba en una pequeña ciudad. Un hombre sólido en sus valores, fiel, emprendedor y perseverante. Entonces Dios (como usualmente hace) cambia sus planes. Él lo llamó para cambiar tres cosas:
1. Cambiar de lugar. Jonás era un buen pastor de una iglesia pequeña. Tenía una familia hermosa en su ciudad. Lo apreciaban mucho en el pueblo. Tenía su familia, su casa y un trabajo tranquilo. Pero Dios comenzó a "arruinarle" sus planes. Él lo envió a un sitio donde no conocía a nadie, no era respetado por nadie; era una situación peligrosa para su vida. ¿Qué harías si Dios hiciera algo así contigo? ¿Irías donde él te llame?
2. Cambio en el objetivo del ministerio. Dios le ordenó a Jonás que cambiara su objetivo. Ya no iba a ser un profeta de una ciudad pequeña, sino de una grande con una gran misión. Los Jonás contemporáneos también abandonan las ciudades. Pero en vez de abandonarlas, hay que amarlas. Dios nos da dos razones para ir: a. Es una gran ciudad. (Potencial para un gran impacto) b. Es una ciudad malvada. (Tiene gran necesidad de Dios) Las grandes ciudades no debe ser abandonadas. Necesitan el último llamado.
3. Cambio en estrategia. Dios le dijo a Jonás "levántate y ve". Eso era extraño porque normalmente la gente venía a Israel, no al contrario. Dios lo llamó a un cambio de paradigma. Dios quería hacerle ver a Jonás que tú no traes la gente a la iglesia, sino que la iglesia va a donde está la gente.

SALIR A COMPARTIR ◇◈

1. Envíale una tarjeta bonita a un miembro de la familia sin motivo especial.
2. No pierda la oportunidad de decir: te amo.
3. Deje alguna nota positiva en un sitio inesperado.

Mi oración del día de hoy:
Dios Todopoderoso, restaura en mí la pasión por a amar la ciudad en la cual vivo. Ayúdame a entender que tengo que estar en ella y no abandonarla. Amén.

DEVOCIONALES DIARIOS Y ACTIVIDADES DE SERVICIO

PENSAMIENTOS FINALES: ❧

En la historia de Jonás encontramos un gran simbolismo. A él se le pidió ir a Nínive. ¿Te han dado un campo misionero alguna vez? Nínive es un símbolo de nuestra misión. Puede ser que la misión sea la familia, la comunidad, nuestro trabajo, el mercado o quizás todas las anteriores. Lo importante es saber que *Dios es quien escoge la misión*, no nosotros. Si nosotros escogemos, entonces estamos de regreso hacia Tarsis. Este "país" por supuesto, es un lugar, una actividad un estilo de vida que escogemos. El problema de escogerlo nosotros es que no tenemos naturaleza espiritual. Por lo tanto, siempre vamos a tomar una mala decisión. Eso por eso que Dios envía el Espíritu Santo a nuestras vidas. Su promesa es enviarnos el Espíritu Santo en cualquier momento incondicionalmente.

Podemos estar seguros de que Dios nos enviará a una misión que esté en nuestra propia esfera de influencia. Esta esfera no necesariamente debe ser confortable para nosotros. La fe juega un papel importante en la aceptación de la misión que Dios nos otorga. Mediante esa fe tenemos certeza de que Dios combinará los talentos nuestros de manera que puedan lograr lo que la misión dada ha designado. La voz espiritual del Espíritu Santo estará disponible para ti en todo momento siempre y cuando aceptes la misión de Dios.

Mientras vayamos ajustándonos a esa voz, escuchando el clamor del mundo por su sed espiritual, a través de la oración y el estudio de la Biblia, tendremos mayor discernimiento de la voluntad de Dios para nosotros. Es importante mencionar que si no oyes la voz de Dios, evidentemente no estás capacitado para la misión que él te asignó.

Muchos van a la misión *coaccionados* por Dios para ir. Esto nos hace entender que Jonás es el tipo de persona que ven la misión de la iglesia sin un cambio en el corazón. Muchos cristianos viven conforme a los requerimientos que la religión les impone buscando la dirección de Dios por su propia fuerza. Y llegan hasta el punto de juzgar a otros que no han sido exitosos en sus intentos de completar la misión de llevar el evangelio a través del servicio.

¿Fue Jonás un hombre exitoso? ¡Seguro que lo fue! Después de tres días de predicación a todas las personas de Nínive, se logró que toda la ciudad aceptara el mensaje y se arrepintiera. En tres días (*"una gran ciudad para Dios, de un recorrido de tres días". Jonás 3: 3 Traducción Literal del hebreo*) no quedó ni un hombre que no estuviera convertido. *¡La única persona que no estaba convertida era Jonás!*

Al finalizar estos cuarenta días Dios te hace un llamado a ser obediente, servir a otros y crecer espiritualmente hasta la altura que él desea.

¡Llegó el momento de servir y lograr que tu ciudad sea la gran ciudad de Dios!

PART II
APÉNDICE 1

100 O MÁS IDEAS DE EVANGELISMO EN SERVICIO PARA LA COMUNIDAD

Steve Sjogren logra ilustrar brillantemente el evangelismo en servicio de la siguiente manera:
"El evangelismo en servicio conecta de persona a persona de la manera más natural, menos riesgosa y fácil donde la gracia sobreabunda. ¿Quién no quiere algo frío en un día caluroso? ¿Especialmente de alguien que está sonriendo, se divierte y la está pasando de maravilla? El evangelismo en servicio gana el corazón antes de confrontar el intelecto. Un pequeño acto de bondad logra que una persona una sus lazos a Dios, de manera más profunda rompiendo las barreras espirituales que están en su mente.

Un seguidor de Cristo promedio ofrece una botella de agua a un extraño (bajo riesgo). La reacción a la gracia dada es típica: "gracias" "¡gratis!" "¿Por qué hacen esto?" La bondad es el puente donde una persona recibe el toque de Dios. Lo único que hay que añadir es una tarjeta con el nombre, dirección y teléfono de la iglesia y has alcanzado a alguien con el amor de Cristo. Es simple, práctico, efectivo, de bajo presupuesto y divertido. Hemos tenido reportes de pastores y laicos que han descubierto el poder y el impacto que mostrar el amor de Dios de una manera práctica ha logrado en la vida de muchas personas que se conectan con Dios."

He aquí unas ideas que serán de gran impacto para la comunidad:

PROYECTOS DE DAR REGALOS FÁCILES Y DE POCO COSTO	
1. DANDO UNA BEBIDA CALIENTE	Usa un termo con una bebida caliente para que en un día frío se lo ofrezcas a una persona que la necesite. Ofrece una tarjeta de conexión. Trata de que los vasitos tengan el logo de la iglesia a la cual perteneces.
2. REGALANDO EL PERIÓDICO	Algunas tiendas te dejan comprar bastantes periódicos. Vas a un lugar estratégico y pones el siguiente letrero: Periódico gratis, cortesía de la iglesia de... Pega una tarjeta de conexión en cada periódico.
3. REGALANDO DONAS EN MEDIO DEL TRÁFICO PESADO	Ofrecer una dona y un chocolate en un lugar donde haya tráfico pesado es muy significativo. Esto es muy efectivo cuando lo hacen las personas mayores (ciudadanos "seniors") Todos lo conocerían como aquel abuelo que se preocupa por sus nietos. Cuando hay una luz roja se aprovecha el momento y se ofrece la dona y el chocolate recordando que hay que dejar una tarjeta de conexión.

DEVOCIONALES DIARIOS Y ACTIVIDADES DE SERVICIO

4. REGALANDO GATORADE	"¿Desea aliviar su sed con esta bebida gratis?" Este es un acto de bondad en un día caluroso. ¡Estamos seguros de que da resultados! Siempre coloque la tarjeta de conexión cerca o en la tapa de abrir la bebida. Si hay problemas con los vendedores que están cerca, muévase de lugar para que no se sientan amenazados en sus ventas.
5. REGALANDO BOTELLAS DE AGUA	Muchas personas prefieren el agua al gatorade. Traiga las botellas frías. Use las mismas tarjetas de conexión.
6. REGALAR PALETAS O BOMBONES (LIFE SAVERS OR LOLLIPOPS)	Si estás buscando una manera de impactar a gran cantidad de personas ésta es una manera ideal. Los dulces se pueden comprar en cualquier almacén a un precio considerable en grandes cantidades. Lo importante es pegar la tarjeta de conexión con un mensaje positivo.
7. PALOMAS DE MAÍZ	Puedes hacerlas tú mismo o rentar una máquina para repartirlas en un lugar estratégico. La máquina de fabricar palomitas de maíz logrará considerablemente más que hacerlas uno mismo.
8. REGALAR GAFAS DE SOL (¡Las más baratas!)	Si estás en una actividad deportiva, regalar las gafas de sol es ideal. Mucha gente olvida las gafas de sol al salir.
9. REGALAR CUPONES DE DESCUENTO PARA HELADOS.	Hablas con el dueño de la tienda de helados y le explicas que quieres repartir cupones de descuentos a toda la comunidad. Será una actividad que tendrá una respuesta positiva de toda la comunidad.
10. REGALAR UNA BARRA NUTRITIVA	Repartes una barra nutritiva con un mensaje positivo de lo que es la buena vida. Pega una tarjeta de conexión con la misma.
SERVICIOS	
11. ESCOLTAS DE SOMBRILLAS	Las madres, los niños, los ancianos encuentran difícil moverse desde los centros comerciales hasta los autos en medio de la lluvia. Usaremos sombrillas de golf para que puedan llegar a sus autos lo menos mojado posible.

12. AYUDAR A LLEVAR LA COMPRA EN LOS SUPERMERCADOS	Las madres con niños agradecen muchísimo que les ayuden con las bolsas de compra mientras ellas cuidan sus niños camino al auto. Los ancianos también necesitan este tipo de ayuda. Los voluntarios que quieran hacer este proyecto deben estar debidamente identificados con camisas e identificaciones con los nombres. Identificarse con la organización hace el proceso más formal lo que permite que el proyecto tenga el impacto deseado. Si alguien le da propina recuérdenle a la persona que Dios otorga su gracia sin interés alguno. Este proyecto requiere permiso del gerente del supermercado.
13. EMPAQUE DE BOLSAS EN EL SUPERMERCADO	Dado a los embates económicos en el país, ya no hay muchos empacadores en los supermercados. Después de hablar con el gerente y de manera debidamente identificada, pueden ayudar a sinnúmero de personas.
14. RECOGIDO DE BASURA	Después de una actividad deportiva o social, queda muchísima basura regada. Compramos bolsas de basura, guantes plásticos y ponemos un letrero que diga: "Bondad en Progreso". La gente se dará cuenta.
15. BRILLAR ZAPATOS	Frente a una barbería o frente a un supermercado con una pequeña inversión y un paño para brillar se pueden hacer muchos contactos a través de las conversaciones mientras se da el servicio.
16. LIMPIAR BAÑOS DE LOS NEGOCIOS	No hay nada mejor para un dueño de negocio que alguien le diga que le va a limpiar el baño de manera gratuita. Recuerde llevar el equipo necesario para la limpieza.
ALREDEDOR DEL PUEBLO	
17. OBSEQUIO A LOS EMPLEADOS DE UN NEGOCIO	Sorprenda a los empleados de un negocio con un pequeño obsequio especial un día de la semana. Puede ser una bolsita de dulces. Escribimos un mensaje donde diga: "Apreciamos tu servicio a la comunidad a través de tu empleo, lo que demuestra una manera práctica de practicar la bondad de Dios con la gente". Los empleados se sentirán muy bien.
18. DAR UNA BEBIDA REFRESCANTE A LOS EMPLEADOS DE UN NEGOCIO	Una bebida refrescante para cada empleado agradeciendo su trabajo por la comunidad hará que esa persona se sienta apreciada. Como siempre, adjunta una tarjeta de conexión.

19. REGALAR ESTAMPILLAS DE CORREO FRENTE AL CORREO.	Espera a la época de radicación de planillas en abril 15. Frente a la estación de correos (con el debido letrero que identifique la actividad). Puedes también ofrecer una fruta, una barra nutritiva o un buen jugo de manzana o naranja.
20. REGALAR UNA BOTELLA DE AGUA A CUALQUIER ATLETA.	Los atletas necesitan hidratarse constantemente y la soda no es la alternativa para ellos. Prepara cajas de agua para poder impactar a los atletas que practican algún deporte al aire libre. Será una bendición para ellos.
21. PAGA LOS RECARGOS DE ALGUIEN EN UNA BIBLIOTECA.	Habla con el recepcionista o encargado de la biblioteca de la comunidad y déjale un sobre con veinte dólares para que lo use con la próxima persona que tenga recargos al entregar un libro. Deja en el sobre una tarjeta de conexión para que la persona vea por qué fue pagado el recargo.
22. CERA PARA LAS TABLAS DE LOS "SURFERS"	Para aquellos que son "surfers" pueden relacionarse con otros comprando la cera que ellos usan para sus tablas. Es una manera acertada de abrir una puerta.
23. JUGAR EL JUEGO "PICTIONARY" EN UN PARQUE	Este juego fue muy popular en los ochentas que consiste en adivinar una palabra a través del dibujo que se presenta. Puedes usar una pizarra blanca, comienzas a jugar y de seguro mucha gente se acercará y podrás invitarlos a jugar. Después de veinte minutos de juego, ofreces bebidas al público y puedes conversar con ellos.
24. BOLAS DE GOLF	El golfista promedio pierde de tres a cuatro bolas por juego. Se podrían imprimir con el nombre de la iglesia y un mensaje positivo y corto. Sería una agradable sorpresa para cualquiera que encuentre una de estas bolas "perdidas" (Dios las pondrá en el lugar perfecto
25. TEES DE GOLF	Los golfistas nunca tienen suficientes de éstos. Imprímelos, no cuesta mucho y puedes impactar a alguien que esté practicando este deporte.

26. LIMPIAR BOLAS DE GOLF	Hay máquinas de limpiar las bolas de golf, pero no todos tienen el tiempo para ir a la misma. Con el permiso de los administradores, puedes ir crear una estación de limpieza de bolas de golf. De seguro alguien te pedirá que lo hagas.
27. LIMPIAR LAS MESAS DE COMER EN UN CENTRO COMERCIAL. (FOOD COURTS)	Pidiendo el permiso de los administradores, puedes limpiar constantemente un área de las mesas para que las personas se sienten a comer tranquilas. Puedes inclusive, imprimir toallitas de limpieza con un mensaje o tu nombre.
28. PAGAR LA DIFERENCIA EN EL TAMAÑO GRANDE EN CUALQUIER RESTAURANT DE COMIDA RÁPIDA.	Te vas a la fila y ofreces pagar la diferencia a para el tamaño grande. Tu acción dará mucho de qué hablar.
29. PROVEER ALIMENTOS PARA LAS AVES DE LOS ANCIANOS.	Esta actividad puede realizarse en hogares de ancianos o entre tus vecinos de mayor edad. Regularmente, puedes pasar y verificar que esa jaula tiene alimento suficiente. Esto alcanzará a los ancianos y sus familiares.
30. PROVEER EL CEBO (CARNADA) A LOS PESCADORES EN EL LAGO.	Puedes adquirirlos en un centro de compra de pescadores, en grandes cadenas o puedes hacer el hoyo y encontrarlos tú mismo. Va a la entrada donde los pescadores acostumbran a entrar y le ofreces la carnada.
31. PAGAR EN LA LAVANDERÍA POR LAVADORA Y SECADORA	Puedes llevar algunas monedas y dejarlas para la próxima persona que venga a lavar y secar su ropa. Ayudarla sería una opción buenísima. (Esta actividad, por razones culturales es mejor para las damas).
32. FOTOS INSTANTÁNEAS PARA MATRIMONIOS.	En cualquier lugar público siempre hay parejas que desearían tomarse una foto para inmortalizar un momento romántico en sus vidas. Con una cámara instantánea lograrías un impacto tremendo en muchas parejas. Ofrece un marco sencillo con el nombre y dirección de la iglesia en la parte posterior.
33. PROVEER TOALLAS PARA LIMPIARSE LAS MANOS EN EL CENTRO DE LA CIUDAD ("DOWNTOWN").	La mayoría de las veces, mientras uno va al centro del pueblo, no hay muchos lugares donde lavarse las manos para mantener la higiene. Proveer este servicio para la gente tendría un impacto positivo. Siempre deja una tarjeta de contacto con un mensaje.

34. "TOKENS" PARA LOS CARRITOS DE COMPRA.	Algunos supermercados en áreas urbanas requieren "tokens" para el uso de los carros de compra. Provee los "tokens" para que los consumidores puedan cargar sus compras.
35. APORTAR AL TANQUE DE GASOLINA DE LOS QUE ESTÁN CONTIGO.	En el centro de venta de combustible más cercano, aportas una cantidad de dinero adicional a cada bomba. Es importante dejar la tarjeta de conexión con un mensaje especial para esta persona. Con los precios actuales de combustible, darás mucho de qué hablar.
36. COMIDA PARA LOS BOMBEROS.	Esto servidores públicos que han ganado notoriedad después de los hechos del 9/11 merecen nuestro apoyo. Puedes llevar comida caliente a ellos para que se sientan queridos y apoyados por su comunidad.

SERVICIO EN EL VECINDARIO

37. RECOGER LAS HOJAS DEL VECINDARIO.	¡Fuimos, vimos y recogimos! Recoger las hojas de mi vecindario un domingo por la mañana por un grupo de trabajo es algo que impresiona mucho a una comunidad. Es importante recoger y disponer de todo lo recogido. Recuerden usar una camisa que identifique al grupo de trabajo.
38. RECORTAR LA GRAMA.	Hasta tu recortadora de grama puede servir a los demás. Estoy seguro de que tu vecino se pondrá contento con esta acción. Esta es otra manera de mostrar la bondad.
39. RECORTAR LAS ESQUINAS CON LA PODADORA.	Para mí, esta es la parte más difícil cuando uno hace la limpieza en el patio. Dar este servicio será muy agradecido por tus vecinos.
40. LIMPIEZA DE LOS CANALES DE LLUVIA (DESAGÜES)	Muchos dueños de hogares agradecerán este servicio. Se necesitan guantes, escaleras y bolsas de basura.
41. LIMPIEZA DE ACERAS	Este es un gran proyecto para las comunidades que tienen códigos de orden público que requieren la limpieza de aceras. Estoy seguro que la comunidad estará muy agradecida.
42. LIMPIEZA DE "SCREENS"	Hay que remover los screens, lavarlos y volver a instalarlos. Muchos dueños de hogares casi nunca hacen esto y cuando vean el cambio se alegrarán del servicio que ofreciste.

43. RETORNAR LOS BOTES DE BASURA A SUS LUGARES DE ORIGEN.	Los recogidos de basura se hacen usualmente en la mañana. Muchas veces los botes de basura quedan fuera de lugar y puedes ponerlos en su lugar. Siempre deja una tarjeta de conexión con un mensaje.
44. REGALAR ROSAS EL DÍA DE LAS MADRES A TUS VECINAS.	Una flor es un mensaje de reconocimiento a la madre que cuida de sus hijos y del resto de la familia. Esta actividad es ideal para el día de las madres.
45. REGALAR UN RAMILLETE DE TULIPANES.	Un hogar con un ramillete de tulipanes siempre alegra el lugar. Este es un acto de generosidad significativo para la familia que la recibe.
46. REGALAR TIESTOS DE PLANTAS FAVORITAS.	Hay una variedad de flores en tiesto a un precio razonable que pueden ser adquiridas para regalar a nuestros vecinos. No olvides que cada planta tiene una época para obsequiarse.
47. OFRECER EMPAQUES DE SEMILLAS EN LA PRIMAVERA.	Mucha gente se alegrará de comenzar a sembrar plantas que alegren el hogar y sus alrededores. Puedes poner la identificación de la iglesia en la parte de afuera sobre.
48. PODAR ÁRBOLES	Ve preparado con todo el equipo necesario y tomando las medidas de seguridad adecuadas. También es necesario pedir permiso al dueño del hogar.
49. ELIMINAR LA HIERBA QUE BROTA EN LAS ACERAS.	Es cuestión de rociar las plantas que están brotando en las aceras para que éstas no se rompan. Es importante usar guantes.
50. MADERA PARA LA CHIMENEA.	¿Quién no desea tener una provisión adecuada de madera para el invierno? Un hogar calientito en el frío es uno que ha recibido un acto especial de bondad. Recuerda poner una tarjetita de conexión.
51. ACCESORIOS PARA LA ESCUELA.	Este proyecto se hace especialmente donde hay vecindarios con niños, para proveer materiales escolares que puedan aportar un granito de arena a su educación. Construyendo un hogar, construyes una nación.
52. LLEVAR FRUTAS A LOS VECINOS.	Una manzana, una naranja, una pera; Cualquier fruta es agradecida por una familia. Esto es ideal de puerta en puerta por la comunidad.
53. LLEVAR EL PERIÓDICO DOMINICAL A TUS VECINOS.	Una buena herramienta para visitar a un vecino y ayudarlo en algo muy sencillo: la lectura. De esta manera, harás contactos duraderos.

MASCOTAS

54. REGALAR ACCESORIOS PARA LAS MASCOTAS. (PERROS, GATOS, ETC.)	Las personas aman los animales y los tratan como parte de la familia. Cuando regalas estos accesorios, la familia entera estará agradecida. Es importante es pegar en cada accesorio una tarjeta con un mensaje.
55. LIMPIAR LOS PATIOS DE LOS PERROS.	Sé que éste es un proyecto difícil y puede parecer humillante, pero será muy agradecido. Es importante dejar la tarjeta de conexión.
56. DAR UN BAÑO A LOS ANIMALES.	Ellos también necesitan que los limpien. No todo el mundo puede tener la paciencia para este trabajo, pero una vez lo terminas, produce una gran satisfacción en ti en la persona dueña de la mascota.

EVENTOS

57. LAVAR AUTOS	Para esta actividad no podemos olvidar el letrero: "COMPLETAMENTE GRATIS". Estoy seguro de que un conductor con falta de tiempo te lo va a agradecer. Siempre deja tarjeta de conexión con mensaje y recuerda estar identificado.
58. CAMBIO DE ACEITE A MADRES SOLAS.	Esta actividad es provista para aquellas que no tienen ayuda de nadie. Es difícil para la mujer de hoy tener un ingreso y hacer las cosas que normalmente hacía el varón de la casa. Si la ayudas a ellas ayudas a sus hijos. Es tendrá un impacto buenísimo en la comunidad.
59. SERVICIO DE REEMPLAZO DE LUCES DE AUTOS.	Se compran una variedad de luces para la gran mayoría de los autos. Sólo se necesitan los destornilladores. Es importante organizar las luces de manera que puedan proveer el servicio rápido. No usen destornilladores automáticos. Puedes dañar piezas.
60. PERROS CALIENTES VEGETARIANOS	Elaboras un letrero que diga "Perros Calientes Vegetarianos para mejorar tu salud" y comienzas a cocinarlos. En un mundo donde se promueve tanto la salud, seguramente muchos se interesarán en este servicio efectivo.
61. PAYASOS	Este servicio es precioso. Es cuestión de reclutar un equipo que le guste trabajar con niños y adultos también. Es una excelente idea para mostrar el amor de Dios a los niños.

DEVOCIONALES DIARIOS Y ACTIVIDADES DE SERVICIO ❖

62. MINISTRAR EN SERVICIOS FUNERARIOS A LOS QUE NO PERTENECEN A NINGUNA IGLESIA.	Muchos tenemos amigos que pasan por estos momentos difíciles no asisten a ninguna iglesia. Este servicio que se da a un amigo hará que más adelante consideren que nuestra iglesia es su iglesia porque estuvo en el momento que realmente importa: cuando más se necesita. Jesús hizo lo mismo en toda su vida terrenal.
63. LLEVAR COMIDA A LOS QUE NO PUEDEN SALIR POR DIVERSAS CIRCUNSTANCIAS.	Es una manera de entrar en el corazón de cualquier anciano o enfermo que no puede salir de su hogar. Seguramente, la llevar la comida, ganarás su corazón.

NAVIDAD E INVIERNO

64. PALEAR LA NIEVE	Podemos ir a un vecindario y ayudar a palear. Es importante trabajar en equipo y tener bebidas calientes para cada miembro del equipo de trabajo y los vecinos que observan el trabajo.
65. RASPAR EL HIELO EN LAS VENTANAS DE LOS COMPLEJOS DE APARTAMENTOS.	Limpia la ventana y sácale el hielo. Deja una tarjeta de conexión.
66. RASPADORES DE HIELO DEL PARABRISAS DE LOS AUTOS.	Es importante dejar uno en cada auto de un lugar público con una tarjeta de conexión.
67. SACAR LOS AUTOS DE LOS QUE ESTÁN ATORADOS EN LA NIEVE.	En días cuando hay mucha nieve, se envía un equipo de autos 4X4. Con cadenas y otro equipo de seguridad, se sacan los autos. Lleva bebidas calientes para los conductores de los autos afectados. También un celular para ayudar en caso de que no hayan llamado a sus familiares.
68. ENVOLTURAS DE PAPEL DE REGALO DE NAVIDAD.	En estas ocasiones tan especiales mucha gente no tiene la habilidad de envolver los regalos para sus familiares. Con un equipo de trabajo entrenado para estos menesteres, se entra en acción. En muchos centros comerciales te proveerán los espacios para hacer este servicio gratuito. Y como un gran proyecto puedes separar el espacio. Siempre deja la tarjeta de conexión.

69. REGALOS EN EL CENTRO COMERCIAL.	Prepara varios regalos pequeños para la gente que está haciendo las compras navideñas. Siempre pon una tarjeta en cada regalo.
70. CUIDAR LOS PAQUETES DE LOS CLIENTES MIENTRAS HACEN SUS COMPRAS.	Al dar este servicio muchos compradores ocupados en sus compras navideñas se lo agradecerán. Hay que coordinar este servicio con la administración del centro comercial.
71. REGALAR CINTA ADHESIVA	¿Quién no necesita cinta adhesiva en navidad? Este acto de bondad refleja el amor de Dios por los que necesitan.
72. REGALAR BASTONES AZUCARADOS	Comprar estos dulces es una alternativa que no cuesta mucho y se pueden preparar con un lindo mensaje.
73. REGALAR PLANTAS DE PASCUAS	La navidad es una época especial simbolizada por la pascua. Una casa adquiere belleza por las flores que tiene y más en navidad.
74. REGALAR ÁRBOLES DE NAVIDAD	Muchos dueños de estos lotes regalan estos árboles de pino. Con un buen camión pueden ir a ayudar a alegrar la navidad a familias necesitadas.

OTROS DÍAS FESTIVOS

75. REGALAR CHOCOLATES EN EL DÍA DE LA AMISTAD	En cualquier sitio concurrido mostrarás el amor de Dios al decirle a alguien que lo felicitas en el día de la amistad. Adjunta una tarjeta de conexión con un mensaje del amor de Dios como el mejor amigo.
76. REGALAR UNA ROSA EN EL DÍA DE LA AMISTAD	A la salida de un centro comercial o un centro concurrido acompañado de una tarjeta con un mensaje Cristocéntrico. Lo mejor es que esa persona a la que le obsequias puede darle la rosa a otra.
77. REGALAR MARIPOSAS	Las mariposas son un regalo de vida y belleza que muestra la maravilla del proceso creador de Dios. Ya se venden por internet y este proyecto se puede hacer en iglesias con temperaturas entre 44 a 85 grados Fahrenheit.
78. REGALAR ACCESORIOS PARA EL DÍA DE LA INDEPENDENCIA DE LOS ESTADOS UNIDOS.	Se pueden utilizar banderas, palitos que brillan en la oscuridad y otras cosas que se acostumbran a usar en este evento. Asegura una tarjeta de conexión en cada regalo que hagas.

79. CREAR EL FESTIVAL DE LA COSECHA. (NO A HALLOWEEN)	Ofrecer vegetales de reciente cosecha a las personas que están interesadas en una buena salud es una mejor alternativa que estar haciendo otro tipo de actividad que no contribuye al bienestar de la sociedad. Inclusive, toda fruta o vegetal puede estar rotulada con los beneficios que ofrece a la salud. Mucha gente puede prevenir y curar enfermedades a través de estos alimentos.

SERVICIO A LOS CAMPUS DE UNIVERSIDADES

80. SACAR A LOS BOTES DE BASURA DE LOS HOSPEDAJES DE ESTUDIANTES.	En un principio estarán reacios a esta práctica pero pasado el tiempo, se acostumbrarán a que se esté cooperando con la limpieza del lugar. Casi siempre esto se hace le domingo por la tarde, pues los sábados es el día que más los estudiantes botan la basura.
81. SERVICIO DE ARREGLAR BICICLETAS	Este servicio ayuda a los estudiantes a arreglar lo que ellos consideran su medio principal de transportación: la bicicleta. Prepara todos los accesorios que lo estudiantes puedan necesitar ya que se les ayuda económicamente y se reducen cargas innecesarias.
82. PROVEER TARJETAS POSTALES CON SUS ESTAMPILLAS PARA PODER ENVIARSE A LOS FAMILIARES.	Cada estudiante te lo agradecerá. Si tienes un "sticker" que diga: "¡qué bueno escribirte mamá o papá" es algo que no se olvida. Recuerde incluir tarjeta de conexión.
83. SERVICIO DE FOTOCOPIAR	Puedes comprar cupones de descuento en fotocopias en una tienda que esté cerca del recinto universitario. Imprime el logo de la iglesia y un teléfono de contacto.
84. OFRECER BARRAS DE PROTEÍNA A LOS ESTUDIANTES EN EL DESAYUNO.	Esto es muy popular entre los estudiantes. Muchas veces, ellos salen hacia sus clases y exámenes sin comer nada por la mañana, de manera que estás promoviendo su salud y bienestar.
85. LIBRETAS PARA ESCRIBIR ENSAYOS Y PAPEL PARA RESPUESTAS EN EL EXAMEN.	Muchos exámenes que se ofrecen los profesores piden materiales que el estudiante tiene que costear. Lápices #2, libretas, hojas de contestaciones y otros materiales. Repártelos en el campus y no te olvides de dejar una tarjeta de conexión.

86. LLEVAR BEBIDAS A LAS BIBLIOTECAS PARA LAS SESIONES DE ESTUDIO NOCTURNAS.	Una bebida nutritiva siempre da energía al cuerpo y despierta las ganas de estudiar! Puedes usar un carrito e ir repartiendo las bebidas. Recuerda pedir los permisos necesarios a los administradores.
87. LLEVAR PIZZA A LOS DORMITORIOS.	Si quieres la atención de todo el hospedaje de estudiantes, lleva pizza. Negocia un descuento con la pizzería para poder ofrecer más volumen.
88. PAQUETES DE CUIDADO AL ESTUDIANTE.	Puedes preparar para todo el hospedaje. Cocoa, palomitas de maíz para micro honda, galletas, mentas y otros alimentos que pueden ayudarles a ellos. (Recuerda que hay estudiantes que pasan hambre.) Hay que pedir permiso a los administradores del hospedaje.
89. DEJAR MONEDAS EN LAS LAVANDERÍAS CERCA DE LOS RECINTOS UNIVERSITARIOS.	Siempre es agradable para un estudiante encontrar una mano bondadosa hasta en las lavanderías.

IDEAS RADICALES EN SERVICIO

90. EL DÓLAR ENCONTRADO.	Es muy fácil. Adjuntas una tarjeta de conexión a un billete de uno. Los puedes dejar en cualquier lugar público. Estoy seguro de muchos tomarán el dinero; y la tarjetas con el mensaje.
91. MONEDAS DE VEINTICINCO AL SERVICIO DE LOS DEMÁS.	Es muy fácil. Adjuntas una tarjeta de conexión a una moneda de veinticinco centavos. Los puedes dejar en cualquier lugar público, específicamente en las máquinas de bebidas o alimentos. (Asegúrate de que el "sticker" sea más largo que la moneda. No queremos que nos llame el dueño de las máquinas.
92. COMPRAR GASOLINA POR ADELANTADO PARA CADA BOMBA	La distribuyes equitativamente entre todas las bombas y puedes hasta échala tú mismo en todas las bombas de gasolina que puedas.
93. COMPRAR OFERTAS EN CUALQUIER RESTAURANT DE COMIDA RÁPIDA.	Hablas con el gerente del restaurant y compras todas las ofertas que puedas para otras personas que te lo agradecerán.

DEVOCIONALES DIARIOS Y ACTIVIDADES DE SERVICIO

ACTIVIDADES EN SERVICIO CERCA DE LA IGLESIA

94. UNA BOLSA DE PALOMITAS DE MAÍZ PARA NUESTROS VECINOS.	Prepara una cantidad de bolsas de palomitas de maíz para los vecinos de nuestra iglesia y deja una tarjeta donde le haces notar que estás interesado en ellos.
95. LA ROSA EN EL DÍA DE LAS MADRES O DÍA DE LA AMISTAD A TODAS LAS DAMAS DEL VECINDARIO CONTIGUO A LA IGLESIA.	Dependiendo del día festivo se le llevan rosas de parte de la iglesia, con una tarjeta que hable acerca del amor de Dios por sus hijos.
96. CAMBIOS DE ACEITE GRATIS	Es importante distribuir una hoja de promoción a cada vecino.
97. CORTES DE PELO GRATIS	De lo único que tienes que estar seguro para esta actividad es que tengas disponibles un barbero profesional.
98. CDS CON MATERIAL EDUCATIVO GRATIS	Haz una presentación corta sobre la familia, las finanzas o paternidad y regálalo a cada persona.
99. USANDO LOS CONQUISTADORES O JÓVENES PARA RECOGER LA BASURA O TAMBIÉN OFRECERÉ DULCES.	Esto es dar un servicio a tu propia comunidad porque la iglesia es parte de ella. Recuerda dejar una tarjeta de conexión.
100. REMODELACIÓN DE HOGARES	Muchos hogares cerca de nuestra comunidad necesitan algún arreglo o remodelación menor. La iglesia puede apoyar a la comunidad de esta manera.
101. FIESTA DE LA COMUNIDAD	Una fiesta de la comunidad donde habrá música, buena comida juegos y otras actividades. Si se hace la actividad antes del comienzo del año escolar, mucho mejor porque se pueden ofrecer materiales de escuela para los hijos de nuestros vecinos.

Steve Sjogren escribió el libro *Conspiración de Bondad*, que ha ganado la atención de líderes de iglesia como una herramienta creativa y efectiva para compartir el amor de Cristo.

TRANSFORMA
DESCUBRE
SIRVE

LECCIONES DE GRUPOS PEQUEÑOS

(margen izquierdo, vertical) ◆ DEVOCIONALES DIARIOS Y ACTIVIDADES DE SERVICIO

TRANSFORMA ◆

"Ustedes son la sal de la tierra. Pero si la sal se vuelve insípida, ¿cómo recobrará su sabor? Ya no sirve para nada, sino para que la gente la deseche y la pisotee. Ustedes son la luz del mundo. Una ciudad en lo alto de una colina no puede esconderse. Ni se enciende una lámpara para cubrirla con un cajón. Por el contrario, se pone en la repisa para que alumbre a todos los que están en la casa. Hagan brillar su luz delante de todos, para que ellos puedan ver las buenas obras de ustedes y alaben al Padre que está en el cielo (Mateo 5:13-15).

DESCUBRE ◆

1. Según Mateo 5:13, los cristianos somos la sal de la tierra. ¿Qué sientes al reconocer esta verdad?
2. ¿Cuál es la característica principal de la sal? ¿Por qué Jesús dijo que somos la sal de la tierra?

> *La sal hace sentir la sed. ¿Cómo puedes hacer que tus amigos tengan sed por Dios?
> *La sal hace que la comida sepa rica. ¿Qué estás haciendo para mejorar la vida de otros?
> *La sal, cuando se mezcla con la comida, desaparece. ¿Qué estás haciendo para traer gloria a Dios y no a ti mismo?

3. El versículo 14 dice que somos la luz del mundo. ¿Según el texto, como podemos compartir esa luz que Cristo nos dio? ¿Con cuántos debemos compartir la luz?

> La luz ayuda a las personas a ver. ¿Cómo ayudas a otros a ver las cosas como realmente son?
> La luz ahuyenta las cucarachas. No te enojes contra las tinieblas. ¡Encienda una luz!
> La luz, cuando alumbras directamente a los ojos, deslumbra. Se cuidadoso al presentar la verdad; hazlo siempre con amor.

4. ¿Qué pasa si la sal ya no da sabor y si la luz no alumbra? ¿Qué pasaría si los cristianos dejamos de ser la sal de la tierra y la luz del mundo?
5. ¿Es difícil para ti ser la sal de la tierra y la luz del mundo? ¿Qué podemos hacer como grupo para cumplir con nuestra misión?

SIRVE ◆

Para ser la sal de la tierra y la luz del mundo, debemos hacer lo siguiente:
1. Tener una experiencia y comunión diaria con Jesús. La única forma de poder ser luces para otros es andar en la luz y recibirla cada día. ¿Hasta ahora has andado en la luz? ¿Qué cosas debes hacer para estar recibiendo la luz de Dios cada día?
2. Dar sabor a tu vida y a la de otros. Una de las características de la sal es dar sabor a la comida. Jesús quiere que el evangelio le de sabor a nuestras vidas. ¿Sientes que el evangelio le da sabor a tu vida, o piensas que tu vida es insípida? ¿Crees que las vidas de las personas que te rodean son insípidas? ¿Qué puedes hacer para traer sabor a la vida de otros?

3. Usar el método de Cristo. "Sólo el método de Cristo será el que dará verdadero éxito para llegar a la gente. El Salvador trataba con los hombres como quien deseaba hacerles bien. Les mostraba simpatía, atendía a sus necesidades y se ganaba su confianza. Entonces les decía 'Seguidme'."

Esta semana comparta un versículo bíblico con un amigo, compañero de trabajo y un familiar que todavía no conoce a Jesús. Busca una promesa bíblica que puedas compartir. Luego puedes introducir el versículo con frases como estas: "Sabías que la Biblia nos da esta hermosa promesa..."; "Hay un cita que me da mucha paz y dice ....."

DEVOCIONALES DIARIOS Y ACTIVIDADES DE SERVICIO ◈

DEVOCIONALES DIARIOS Y ACTIVIDADES DE SERVICIO

TRANSFORMA ⬦

"Sólo el método de Cristo dará verdadero éxito para llegar a la gente. El Salvador trataba con los hombres como quien deseaba hacerles bien. Les mostraba simpatía, atendía a sus necesidades y se ganaba su confianza. Entonces les decía: 'Seguidme". (Elena G. de White, El Ministerio de la Curación, 102)

DESCUBRE ⬦

1. ¿Qué tipo de actitud debemos tener hacia otras personas, aunque sean diferentes? Levítico 19:18.

2. ¿A cuales personas debía el pueblo de Dios mostrar apoyo especial?

a. Con las viudas y_____ Santiago 1:27

b. Con los _____ Levítico 19:34

c. Con los_____ Isaías 58:10

3. ¿Cuál es la razón por la cual debemos ayudar a los extranjeros e inmigrantes? Éxodo 23:9

4. ¿Qué es lo que realmente nos diferencia de las personas que no son cristianas? Mateo 5:46-48

5. ¿Qué hace Jesús con las barreras de raza, género o clase social? Gálatas 3:28.

SIRVE ⬦

1. Todos somos hermanos. Blancos y negros; hispanos y americanos; ricos y pobres, todos somos hermanos. El ser humano ha hecho distinciones, y ha creado barreras, pero cuando llegamos a Jesús, esas barreras se rompen y miramos a los otros como hermanos. ¿Cómo podemos (como grupo pequeño), integrar a nuevas personas que nos visitan para que se sientan parte de nosotros?

2. Todos tenemos una responsabilidad. Dios habla claramente acerca de nuestra responsabilidad hacia los menos afortunados. La Biblia nos enseña, texto tras texto, cómo debemos tratar a personas que no tienen los recursos o las oportunidades que tenemos nosotros. De manera especial se menciona al inmigrante. En más de 30 versículos en la Biblia, se especifica que se le debe dar especial atención al "extranjero". ¿Qué puede hacer tu grupo pequeño para ayudar a personas que son inmigrantes en tu comunidad? No sólo menciónenlo, háganlo parte del proyecto del grupo.

3. Todos podemos amar, aún a los que no nos aman. Hemos visto en el estudio de hoy que todos somos hermanos. A veces, esas otras personas no aceptarán nuestra ayuda o nuestro amor. La tentación en ese momento es olvidarse de ellos. ¡No lo hagas! ¡Sigue amando, sigue apoyando, sigue ayudando a todos por igual! Es así como se demuestra el verdadero cristianismo. ¿A qué persona puedes invitar la próxima semana a tu grupo pequeño?

El propósito de las próximas lecciones es poner nuestra fe en acción e involucrarnos en las necesidades de nuestra comunidad. Elijan, como grupo, un proyecto de servicio a la comunidad y hablen de cómo desarrollarlo juntos este mes. ¡Háganlo realidad!

TRANSFORMA ❄

Todo tiene su momento oportuno; hay un tiempo para todo lo que se hace bajo el cielo. 12 Yo sé que nada hay mejor para el hombre que alegrarse y hacer el bien mientras viva. (Eclesiastés 3:1).

DESCUBRE ❄

1. Fíjate en el texto de arriba por un momento más. (Eclesiastés 3:12). El texto menciona dos cosas que son importantes. Una es alegrarse, y la otra es hacer el bien. ¿Qué relación tienen estas dos cosas?
2. Antes de programar tus actividades diarias, ¿cual es un componente esencial para tu consideración? Santiago 4: 13-15.
3. A veces estamos tan involucrados en nuestras actividades religiosas que descuidamos servir a la gente que más lo necesita. (Lee Lucas 10:31-32.) ¿Ocurre eso en tu iglesia? ¿Qué puedes hacer para cambiarlo?
4. ¿Qué instrucción clara tenemos con respecto a la manera de manejar el tiempo? Efesios 5:16.
5. Cuando tomamos tiempo para servir y ministrar a otros, ¿qué ocurrirá? Gálatas 6:9.

SIRVE ❄

Hay tres maneras de administrar su tiempo de tal manera que puedas tener tiempo para servir a los demás.
1. Calma. En un estudio reciente, el 50 por ciento de las personas dicen que ellos "quieren frenar su vida, pero no saben cómo." ¿Como haces tú para mantener la calma en medio de tu vida ocupada? Una forma es darse cuenta de que nunca terminarás todo lo que tienes que hacer. ¡Nunca! Por tanto, detente hoy y observa la necesidad de las personas que te rodean. ¿Cómo podemos practicar esto?
2. Clama. Busca a Dios. Al detener el tren de tu vida, asegúrate de incluir un tiempo para oración y la lectura de la palabra, así como el ayuno. Pídale a Dios que te muestre la gente herida en tu derredor, y cuando Él lo hace, minístrales. ¿Cuál es el mejor momento del día para buscar a Dios? ¿Qué sucede si eres una persona que funciona mejor de noche?
3. Establece metas. El autor Brian Tracy dice que por cada minuto que pasas planeando el próximo día, te ahorras 10 minutos al día siguiente. ¿Cuán claros son tus objetivos? ¿Qué objetivos específicos tienes para servir a otros este año? ¿Esta semana? ¿Este día?

El propósito de esta lección es ayudarte a "poner frenos" a tu vida para que puedas poner tu fe en acción y te involucres en tu comunidad. Discute con el grupo en cuanto a cómo va el proyecto de servicio.

DEVOCIONALES DIARIOS Y ACTIVIDADES DE SERVICIO

TRANSFORMA ◈

"Por eso les digo: No se preocupen por su vida, qué comerán o beberán; ni por su cuerpo, cómo se vestirán. ¿No tiene la vida más valor que la comida, y el cuerpo más que la ropa? 26Fíjense en las aves del cielo: no siembran ni cosechan ni almacenan en graneros; sin embargo, el Padre celestial las alimenta. ¿No valen ustedes mucho más que ellas? 27¿Quién de ustedes, por mucho que se preocupe, puede añadir una sola hora al curso de su vida?" Mateo 6:25-27.

DESCUBRE ◈

1. Revisa los versículos anteriores. Observa cuantas veces Dios dice la palabra "usted". Su objetivo es que te enfoques en Él y otros y no en ti mismo. ¿Es difícil para ti no preocuparte?
2. El próximo texto es muy provocador. Lee Filipenses 2:3. La última parte dice que deberíamos considerar a otros como superiores a nosotros mismos. ¿No es peligroso eso para nuestra autoestima? ¿Qué está tratando la Biblia de enseñarnos?
3. ¿Porque es mala una actitud basada en el "yo"? Lucas 12:18-20.
4. Cuando nos enfocamos en los demás, ¿a quien realmente estamos sirviendo? Mateo 25:34-36.
5. La frase "unos a otros" aparece varias veces en las escrituras. ¿Qué es lo más importante que podemos hacer unos a otros? Juan 13:35.

SIRVE ◈

Hay tres cosas que puedes hacer para levantar tus ojos de ti mismo y fijarlos en otros.
1. Interrupción. Si te pones a pensar, Jesús hizo muchos de sus milagros cuando estaba de camino a otro lugar, para hacer otra cosa. !Él fue interrumpido! Las interrupciones en tu vida, especialmente cuando están en una forma de una persona que necesite ayuda, son mandadas por Dios. ¿Cómo reaccionas cuando te interrumpen, realmente? ¿Cómo puedes mejorar esa reacción?
2. Invitación. Invita a otros a compartir tu vida. Ningún hombre es una isla. Jesús dijo a sus discípulos que fueran e invitaran a personas a un banquete. Hoy también, Dios nos ha dado la oportunidad de tener un banquete de bendiciones. ¿A quién invitarás a compartir estas bendiciones contigo?
3. Imitación. Mira el ejemplo de Jesús. Imita su estrategia. La mejor descripción de esa estrategia se encuentra en un libro llamado Ministerio de Curación. Ellen White dice, "Sólo el método de Cristo dará verdadero éxito para llegar a la gente. El Salvador trataba con los hombres como quien deseaba hacerles bien. Les mostraba simpatía, atendía a sus necesidades y se ganaba su confianza. Entonces les decía: 'Seguidme". (El Ministerio de Curación, p. 102) ¿A quién estas supliendo sus necesidades? ¿A quién estás mostrando simpatía?

El propósito de esta lección es ayudarte a mirar a las necesidades de los demás, no como una interrupción, sino una parte de tu vida. Discutan como grupo cómo va el proyecto de servicio.

TRANSFORMA ⬦

Den, y se les dará: se les echará en el regazo una medida llena, apretada, sacudida y desbordante. Porque con la medida que midan a otros, se les medirá a ustedes (**Lucas 6:38**).

DESCUBRE ⬦

1. En la historia del Buen Samaritano, ¿que hizo él, además de darle apoyo moral al viajero herido? (**Lucas 10:33-35**).

2. ¿Cómo se siente Dios hacia la gente que solo dice, "Voy a orar por ti," cuando ven una necesidad? (**Santiago 2:15-17**).

3. ¿Qué sucede cuando las personas le dan a Dios lo poco que tienen? (Juan 6:9-11).

4. Lee la siguiente línea: "Dar no es dar, a menos que interrumpa tu estilo de vida." Refleja en esa cita por un momento. ¿Estás siguiendo ese consejo?

5. ¿Cómo se ilustra en la Biblia el principio de dar? (**Filipenses 2: 5-7**).

SIRVE ⬦

Hay tres cosas que puedes hacer para luchar contra el monstruo del materialismo en tu vida.

1. Dar. En un mundo de egoísmo, donde las personas buscan el beneficio suyo en primer lugar, Dios mata al materialismo cuando dice simplemente: Da. Dos letras ponderosas. Siente la libertad de dar. ¿Qué posesión material darías si te lo pidieran?¿Qué cosa no darías, ni muerto?

2. Dar primero. Es que ¿no damos porque no tenemos, o no tenemos porque no damos? Esa es una pregunta importante, más o menos como la pregunta de qué vino primero, si el pollo o el huevo. Nuestro texto central para hoy da la respuesta. El dar es el primer paso. Muchos lo tienen al revés. Ellos esperan en el Señor, para luego dar. ¡Eso está al revés! Debemos dar, y entonces esperar en el Señor. Él suplirá lo que falta.

3. Dar con confianza. Fíjate otra vez en el texto de hoy. En tan sólo dos líneas, se mencionan cuatro bendiciones que provienen de la liberalidad. Tú recibirás. Se echará en tu regazo. Se te medirá. No damos porque queremos algo a cambio; sin embargo, podemos dar con confianza que Dios se encargará de nuestras necesidades. ¿Qué estás necesitando que Dios haga este mes con tus finanzas? ¿Qué es lo que necesitas que haga hoy?

El propósito de esta lección es ayudarte a entender la bendición que el dar tiene sobre el donante y el receptor. Discute cómo va el proyecto de servicio. ¡Háganlo realidad!